Anonymous

Anhang zum evangelischen Gesangbuch für die Provinz Brandenburg

Anonymous

Anhang zum evangelischen Gesangbuch für die Provinz Brandenburg

ISBN/EAN: 9783744656139

Hergestellt in Europa, USA, Kanada, Australien, Japan

Cover: Foto ©Lupo / pixelio.de

Weitere Bücher finden Sie auf **www.hansebooks.com**

Anhang

zum

evangelischen Gesangbuch

für die Provinz Brandenburg.

Entwurf zur Vorlage an die Provinzialsynode.

Berlin 1884.

Verlag von Trowitzsch und Sohn,
Leipziger Straße 133.

Übersicht des Inhaltes.

V. Geistliche Volkslieder.

I.

Gebete.

A. Morgen- und Abend-Gebete.

1. Morgen-Gebete.

Das walte Gott Vater, Sohn, heiliger Geist. Amen.

Ich danke dir, mein himmlischer Vater, durch Jesum Christum deinen lieben Sohn, daß du mich diese Nacht vor allem Schaden und Gefahr behütet hast; und bitte dich, du wollest mich diesen Tag auch behüten vor Sünden und allem Übel, daß dir alle mein Thun und Leben gefalle. Denn ich befehle mich, meinen Leib und Seele und alles in deine Hände. Dein heiliger Engel sei mit mir, daß der böse Feind keine Macht an mir finde. Amen.

Luther.

Für den Sonntag.

1. Heiliger, dreieiniger Gott! In der Frühe loben wir dich und preisen dich und benedeien deinen allerheiligsten Namen. Wir danken dir, gütiger Gott und Vater, daß du uns diese Nacht so gnädig und väterlich behütet und bewahret und abermals diesen Tag hast erleben lassen, damit wir deine ewigen Güter empfangen. Ach, heiliger Vater, gieb uns reine Herzen und entzünde sie durch das Feuer deiner Liebe, daß wir dir mit Leib, Seele und Geist uns zum Opfer darbringen. Laß uns an diesem deinem heiligen Ruhetage in dir ruhen und habe du dein Werk in uns, daß wir dir zur Ehre und uns zum Segen diesen Tag feiern mögen, in der Gottseligkeit wachsen, im Geist stark werden und deine Gnade bei uns bleibe für und für.

Öffne uns das Ohr, Herr Jesu Christe, und gieb uns gläubige Herzen, daß wir hören, wie du uns zu dir rufest, und deiner Stimme gern folgen. Gieb uns fröhliche Herzen, zu gehen zu deinem heiligen Haus, da deines Namens Gedächtnis gestiftet, dein Segen und Gemeinschaft mit dir verordnet ist und deine Gemeinde dir lobsinget. Ach leutseliger Herr Jesu, an diesem Tage bist du auferstanden von dem Tode; so hilf, daß auch wir auferstehen aus dem Tode der Sünde und hinfort allein in dir leben und du in uns. Ja bekleide, schmücke, heilige du uns heute und alle Tage zu deiner Wohnung.

Herr Gott, heiliger Geist, öffne uns die Thür zum Leben durch Erleuchtung unsrer Herzen, daß wir die Weide deiner göttlichen Lehre und deines Trostes finden, die Stimme unsres Erzhirten Jesu in uns hören, durch den Glauben zu ihm eingehen und durch die Liebe ihm gehorchen. Laß diesen seligen Ruhetag uns ein Vorschmack sein der ewigen Ruhe bei dem Herrn

Also befehlen wir uns heut und allezeit in deine Hand, o du großer, dreieiniger Gott; du wollest jetzt und immerdar unser treuer Gott sein und bleiben von Ewigkeit zu Ewigkeit! Amen.

---

2. Ich danke dir, gütiger Gott und Vater unsers Herrn Jesu Christi, daß du mich diese Nacht so gnädig behütet und bewahret und mich abermals diesen Tag hast erleben lassen, an welchem ich von aller Arbeit meiner Hände ruhen soll, damit dein Geist durch den Segen deines heiligen Wortes sein Werk in mir habe. Wie treulich hast du dafür gesorgt, daß wir mitten im unruhigen Leben einmal still stehen können, unsre Herzen zu dir emporrichten und bedenken, was zu unserem Frieden dient.

Ach Gott! laß mich diesen Tag nicht allein heilig anfangen, sondern auch heilig fortsetzen und heilig vollenden! Mein Gott und Vater, thue allen, die heut dein Wort hören, das Herz auf. Gieb den Lehrern und Dienern deines Amtes die Gabe deines Geistes und salbe die Lippen, die deines Namens Ehre verkündigen. Laß das Wort der Predigt nicht leer zu mir zurückkommen, sondern ausrichten, wozu du es sendest. Mehre die Zahl deiner Gläubigen aller Orten, insonderheit in dieser Gemeinde. Laß mir und allen den lieben Meinigen den heutigen Tag zu einem ewigen Segen werden. Tröste die, so heut in Einsamkeit und Traurigkeit leben müssen, deren Seele vergeblich sich sehnt nach deinen Vorhöfen. Bringe sie und alle, die deinen Namen lieb haben, dahin, daß wir dein Angesicht ewiglich schauen und mit den Engeln immerdar singen: Heilig, heilig, heilig ist der Herr Zebaoth, alle Lande sind seiner Ehre voll! Amen.

Für die Wochentage.

1. Wache auf, der du schläfst, und stehe auf von den Toten, so wird dich Christus erleuchten! O du barmherziger Gott, dessen Güte und Treue alle Morgen neu ist: ich sage dir mit Herz und Mund Lob und Dank, daß du mich diesen Morgen wiederum gesund hast lassen von meinem Lager aufstehen und meinen Leib vor Schaden und meine Seele vor Sünden bewahrt hast. Wie groß ist deine Güte, Herr, daß Menschen unter dem Schatten deiner Flügel trauen und unter demselben so mächtig bewahret werden. Ich schaue nach der Finsternis wieder das Sonnenlicht. Gieb mir Gnade, daß ich diesen ganzen Tag in deinem Lichte wandle und alle Werke der Finsternis fliehe. Ich achte den Tag für verloren, an welchem ich der Welt gedient und mich nach der Welt Thorheiten und Gewohnheiten gerichtet habe, wofür ich einst vor deinem Gericht eine schwere Rechenschaft geben muß. Ich opfre mich hingegen dir ganz zu deinem Dienst mit Leib und Seele. Laß mich nichts wollen, nichts vornehmen und gedenken, als was dir gefällt, auf daß der ganze Tag dir möge geheiliget sein. Ja laß mich allezeit so leben, reden und thun, als ob ich heute noch sterben müßte. Und da ich nach der finstern Nacht, darin ich als dein Kind in deinen Armen gelegen, nun wiederum von neuem lebe, so weiß ich nirgends hin als zu dir. Ich klopfe an deine Gnadenthür, ich wende mich wieder zu der Segensquelle, aus welcher ich nehme einen Segen nach dem andern, eine Hülfe nach der andern; denn was du, Herr, segnest, das ist gesegnet ewiglich; wenn du deine Hand aufthust, so wird alles gesättigt mit Wohlgefallen. Gieb mir guten Rat, wenn ich Rat bedarf; richte meine Anschläge und Vornehmen nach deinem Willen. Entzünde in mir die Flammen deiner göttlichen Liebe, daß ich diesen Tag meinen Glauben in den Werken zeige und in wahrer Liebe gegen dich und den Nächsten verharre, auf daß ich ohne Gewissenswunden den Abend erreiche. Wenn ich rufe zu dir, Herr mein Gott, so schweige mir nicht. Höre die Stimme meines Flehens, wenn ich meine Hände aufhebe zu deinem heiligen Chor. Laß das Gebet der Elenden, Traurigen, Kranken und auch das Gebet der Meinigen und aller Frommen vor deinem Gnadenstuhl Erhörung finden! Amen.

---

2. Herr, himmlischer Vater, ewiger Gott, gelobt sei deine göttliche Kraft und Allmacht, deine grundlose Güte und Barmherzigkeit, deine ewige Weisheit und Wahrheit, daß du mich in dieser Nacht mit deiner Hand bedecket und unter dem Schatten deiner Flügel ganz sicher hast ruhen und schlafen lassen. Darum lobe ich dich um deine Güte und um deine Wunder, die du an den Menschenkindern thust, und will dich in der Gemeinde preisen. Dein Lob soll immerdar in meinem Munde sein, nimmermehr soll meine Seele vergessen, was du mir

Gutes gethan hast; so laß dir das Morgenopfer gefallen, das ich dir in Einfalt meines Herzens bringe.

Ich rufe zu dir von ganzem Gemüt: du wollest mich diesen Tag behüten vor aller Gefahr Leibes und der Seele, und deinen lieben Engeln über mir Befehl thun, daß sie mich behüten auf allen meinen Wegen. Umgieb mich rings mit deinem Schild, und führe mich auf den Steig deiner Gebote, daß ich unsträflich wandle in deinem Dienst, wie die Kinder des Tages, zu deinem Wohlgefallen. Wehre dem bösen Feinde und allen Ärgernissen dieser Welt; dazu steure meinem Fleisch und Blut, daß ich nicht wider dich handle und dich mit meinen Sünden erzürne. Regiere mich mit deinem heiligen Geist, daß ich nichts vornehme, rede oder gedenke, denn allein was dir gefällig ist und zu Ehren deiner göttlichen Majestät gereicht.

Siehe, mein Gott, ich übergebe mich ganz und gar zu eigen in deinen Willen, mit Leib und Seele, mit allem Vermögen und Kräften. Mache du mich dir zu einem Opfer, das da lebendig, heilig und dir wohlgefällig sei, damit ich dir einen vernünftigen und angenehmen Gottesdienst leiste. Darum, heiliger Vater, allmächtiger Gott, laß mich dein Eigentum sein, regiere mein Herz, Seele und Gemüt, daß ich nichts denn dich wisse und verstehe. Herr, frühe wollest du meine Stimme hören; frühe will ich mich zu dir schicken und darauf merken, frühe will ich dich loben und des Abends nicht aufhören, durch Jesum Christum! Amen.

---

3. O du frommer und getreuer Gott, himmlischer Vater, ich lobe, ehre und preise dich von Grund meines Herzens, daß du mich diese vergangene Nacht hast sicher ruhen und schlafen lassen, und durch deine väterliche Liebe mich frisch und gesund wieder erweckt hast. Ich bitte dich von Herzen, du wollest mich und alle frommen Christen heut diesen Tag und allezeit vor allem Übel und Gefahr Leibes und der Seele gnädig behüten, damit ich alle Tage in deinem Willen erfunden werden möge. In deinen göttlichen Schutz und Schirm befehle ich mich, mein Leib und Seele, Herz und Sinn, Mut und Gedanken; all mein Dichten und Trachten, mein Stehen, mein Sitzen und Liegen, meinen Eingang und Ausgang, mein Leben und Sterben und alles was ich bin und vermag. Sei und bleibe bei mir, um Jesu Christi, deines lieben Sohnes willen. Amen.

---

4. Mein Herr und mein Gott, in deinem Namen gehe ich nun hin, heute diesen Tag die Werke meines Berufs zu verrichten, und befehle dir hiermit meinen Leib und meine Seele, Weib (Mann) und Kind, Haus und Hof, mein Gut und Ehre und alles, was ich habe. Nimm uns in deinen göttlichen Schutz, breite deine Gnadenflügel über uns; erfülle uns mit deinem göttlichen Segen und führe uns durch dieses Zeitliche ins Ewige durch Jesum Christum, unsern Herrn. Amen.

---

5. Herr Gott, himmlischer Vater, in dieser Morgenstunde befehle ich dir meinen Leib und meine Seele in deine liebreiche Regierung, in deinen mächtigen Schutz, in deine väterliche Aufsicht und Treue. Laß mir und den lieben Meinigen heute nichts Übles begegnen und keine Plage unserm Hause sich nahen. Laß deinen heiligen Geist uns kräftig regieren und unser Herz zum kindlichen Gehorsam lenken, daß wir von den Wegen der wahren Gottseligkeit nicht abweichen. Segne mich heut an Leib und Seele, segne meinen Ausgang und Eingang, segne meine Haushaltung und mein Tagewerk. Laß mir in allen meinen Geschäften dein himmlisches Licht leuchten, deine Kraft mich stärken, deine Liebe mich dringen, daß ich in Gerechtigkeit wandle, meinen Taufbund stets vor Augen habe und meinem Nächsten mit aufrichtiger Liebe begegne. Gieb, daß ich die Zeit, die ich noch zu leben habe, wohl und christlich anwende zu deines Namens Ehre, meines Nächsten Dienst und meiner selbst Besserung. Gieb mir auch die Gnade, daß ich mich meiner Sterblichkeit stets erinnere und meine Gedanken allezeit aus dem Zeitlichen auf das Himmlische und Ewige richte. Und wenn ich dann meinen Lauf vollendet und das Ziel, welches du mir in Gnaden gesetzt, erreicht habe, so verleih mir nach deiner großen Barmherzigkeit um Jesu Christi willen ein sanftes, fröhliches und seliges Ende! Amen.

---

6. O Herr Gott, Vater und Herr meines Lebens! Ich danke dir und rühme deinen herrlichen Namen. Leben und Wohlthat hast du an mir gethan und dein Aufsehen bewahret meinen Odem. Du hast mich behütet und mit deinem starken Arm beschirmet; deine Barmherzigkeit ist alle Morgen neu und deine Treue ist groß. Laß meinen Mund deines Ruhmes täglich voll sein, und vergieb mir alle meine Sünden. Thue mir wohl nach deiner Barmherzigkeit. Weise mir deinen Weg und leite mich auf richtiger Bahn. Laß mir auch heute deine Gnade widerfahren; verlaß mich nicht und ziehe die Hand nicht ab von mir. Herr mein Gott! sei mir freundlich und fördere das Werk meiner Hände. Erhalte meinen Gang auf deinen Fußsteigen, daß meine Tritte nicht gleiten. Leite mich in deiner Wahrheit und lehre mich. O Gott, groß von Rat und mächtig von That, stärke mich durch deinen guten Geist, daß ich deinen Namen fürchte. Behüte meinen Ausgang und Eingang von nun an bis in Ewigkeit! Amen.

(Für den Montag.)

Bei diesem Anfang der Wochenarbeit rufe ich zu dir, o heiliger Vater, im Namen Jesu Christi, du wollest mein Herz, Mut und Sinn mit deinem heiligen Geist erfüllen, damit ich allein das thue, rede und denke, was du selber in mir willst und wirkest. Ach vereinige meine Gedanken und Sinnen mit dir durch die Liebe Christi, und reinige mein Gewissen durch sein Blut, damit ich in deinem heiligen Gehorsam einhergehe. Siehe, ich übergebe mich dir auf die ganze Woche, ja auf mein Leben lang. Stärke mich mit deiner Kraft, mache mich aufrichtig, dir und meinem Nächsten in Liebe zu dienen. Lehre mich wider alle Verführungen meines verderbten Herzens und böser Menschen streiten. Hilf mir die Last dieser Woche tragen; leite mich, wie ein lieber Vater, und mache mich kindlich gehorsam. Sprich selbst deinen Segen über meine Arbeit, und gehe mir mit deiner Weisheit vor, damit ich recht fröhlich und getrost darinnen, aber auch gewissenhaft und treu sei. Ja werde du selbst in mir und allen meinen Dingen Anfang, Mittel und Ende zu deinem Preis und meinem Heile. Amen.

(Für den Freitag.)

O Herr Jesu Christe, du einiger Heiland der Welt, zu dir erhebe ich mein Herz, Mut und Sinn und danke dir, daß du mich durch deine unerschöpfliche Barmherzigkeit und Liebe in dieser Nacht wider des bösen Feindes List und Gewalt frisch und gesund behütet hast. Herr Jesu, du bist mein Gut und mein Erbteil, mein Heil steht in deinen Händen; ich weiß auch von keinem Helfer weder im Himmel noch auf Erden, als von dir allein. Darum bitte ich dich um deiner unaussprechlichen Marter und Angst, und um deines allerschmählichsten Todes willen, den du, liebster Herr Jesu, am heutigen Tage aus großer Liebe für mich armen Sünder hast gelitten, du wollest mir gnädig und barmherzig sein und mich heute diesen Tag und die ganze Zeit meines Lebens segnen und behüten, und bewahren vor allem Übel, von dieser mühseligen Zeit an, bis du mich zur ewigen Freude und Seligkeit abforderst. Alles um deines allerheiligsten Namens und um deiner gekreuzigten Liebe willen! Amen.

---

2. Abend-Gebete.

Das walte Gott Vater, Sohn, heiliger Geist. Amen.

Ich danke dir, mein himmlischer Vater durch Jesum Christum, deinen lieben Sohn, daß du mich diesen Tag gnädig behütet hast; und bitte dich, du wollest mir vergeben alle meine Sünden, wo ich Unrecht gethan habe, und mich diese Nacht gnädiglich behüten. Denn ich befehle mich, meinen Leib und Seele und alles in deine Hände. Dein heiliger Engel sei mit mir, daß der böse Feind keine Macht an mir finde. Amen.

Luther.

Für den Sonntag.

1. O Gott, Vater aller Barmherzigkeit, wir danken dir höchlich und allezeit, daß du uns nach dem überschwenglichen Reichtum deiner Gnaden hast gebracht zu dem Schatz deines Wortes, darinnen wir haben die Erkenntnis deines lieben Sohnes, das ist ein sicher Pfand unsres Lebens und unsrer Seligkeit, die im Himmel zukünftig ist und bereit allen, die in reinem Glauben und brünstiger Liebe beständig bis ans Ende beharren. Wie wir denn hoffen und bitten, du werdest uns, barmherziger Vater, erhalten und vollkommen machen mit allen Auserwählten, in Einem Sinne, zu gleichem Bilde deines lieben Sohnes Jesu Christi unsers Herren. Amen.

---

2. Allmächtiger Gott, barmherziger Vater, ich danke dir herzlich, daß du mich heute so gnädig behütet und Gnade verliehen hast, dein Wort zu hören, deinen Namen anzurufen und auch der leiblichen Ruhe und Erquickung zu genießen. Herr, wie groß ist deine Güte, die du uns armen Menschen erweisest. Vergieb mir, o lieber Vater, alle meine Sünde um Christi willen und regiere mich durch deinen heiligen Geist, daß ich dem, was ich heut aus deinem heiligen Worte gelernt, in beständigem Glauben, gottseligen Leben und Geduld fleißig und von Herzen nachkomme. Und gleichwie dein lieber Sohn, mein einiger Heiland Jesus Christus, an diesem Tage von den Toten auferstanden ist, also verleihe mir Gnade, in einem neuen Leben vor dir zu wandeln. Ich bitte dich auch, lieber Vater, du wollest diese Nacht in deinen väterlichen Schutz nehmen meinen Leib und Seele und alles, was du mir gegeben hast, daß der böse Feind und seine Werkzeuge keine Macht an mir finden. Dein heiliger Geist erleuchte mich, daß ich dein nimmermehr vergesse. Deine allmächtige Hand erhalte mich. Dein heiliger Engel beschütze mich. Deine väterliche Güte segne und erquicke mich, damit ich morgen gesund und mit Freuden aufstehen und dir nach deinem Willen dienen möge. Und wenn ich im zeitlichen Tode werde entschlafen sein, so gieb durch die Auferstehung Jesu Christi, daß ich an jenem Tage fröhlich aus dem Tode wiederum hervorgehen möge zur ewigen Herrlichkeit! Amen.

Für die Wochentage.

1. Ich liege und schlafe und erwache, denn der Herr hält mich! O du heiliger, gütiger und allein weiser Gott, du hast mich heute diesen vergangenen Tag wiederholt erfahren lassen, daß du der rechte Vater bist über alles, was Kinder heißt im Himmel und auf Erden; du hast nach deiner unendlichen Güte für mich gesorgt, daß es mir nicht an irgend einem Gut gemangelt hat. Ach Herr, ich bin zu ge-

ringe aller Güte und Treue, die du täglich an mir beweisest. Wie soll ich dem Herrn vergelten alle Wohlthaten, die er an mir thut, an mir, der ich nur Staub und Asche bin. Verschmähe nicht das demütige Lobopfer, das ich dir in dieser Abendstunde bringe, und schaue mich ferner in Gnaden an. Vergieb mir, o gnädiger Gott, was ich an diesem Tage in Gedanken, Worten und Werken gegen dich begangen habe. Gieb, daß ich mit meinen Kleidern zugleich alle bösen Gewohnheiten, Sünden und Unarten ausziehe, dieselben morgen und mein ganzes Leben hindurch hasse und lasse; daß ich nach dem vorigen Wandel den alten Menschen ausziehe und ihn nie wieder anziehe. Laß mich die bevorstehende Nacht mit allen meinen Verwandten und Hausgenossen unter deinem Schutze sanft und ruhig schlafen. Die Sonne verbirgt sich, aber laß, o Jesu, du Sonne der Gerechtigkeit, deinen Glanz immer in meinem Herzen leuchten. Erneure im Schlaf meine Kräfte, damit ich munter und fröhlich den Tag erlebe. Wacht ein Hirte bei seiner Herde, so laß mich auch deiner Hirtentreue an Leib und Seele befohlen sein. In Traurigkeit erfreue mich, im Elend erquicke mich; wenn ich verlassen bin, so nimm dich meiner herzlich an. Laß deine Allgegenwart und dein allsehendes Auge bei Tag und Nacht mich von Sünden abhalten. Ich hebe auch bei anbrechender Nacht meine Augen auf zu den Bergen, von welchen mir Hülfe kommt; meine Hülfe kommt vom Herrn, der Himmel und Erde gemacht hat! Amen.

---

2. O allmächtiger, ewiger, gnädiger und barmherziger Gott, der du gesagt hast: „Rufe mich an in der Not, so will ich dich erretten" — ich bitte dich, erbarme dich mein und vergieb mir meine Sünde. Gieb mir deinen heiligen Geist, der mein Herz allezeit mit himmlischem Trost erfülle. Ich schlafe oder wache, ich liege oder stehe auf, so hilf mir, wie du weißt, daß mir am besten geholfen wird an Leib und Seele. Du vermagst alles, du bist Gott und Herr über alles, es steht alles in deinen Händen. Gedenke an deine Barmherzigkeit und Verheißung, ja gedenke des vollkommenen Gehorsams deines lieben Sohnes Jesu Christi, durch welchen ich dir gänzlich versöhnt bin. Um deswillen sei mir heute und allezeit gnädig. Und wenn es ja sein sollte, daß ich nach deinem väterlichen Willen mit Gefahr, Kreuz und Unglück oder auch mit dem Tode sollte heimgesucht werden, so wollest du mich auch heimsuchen mit deinem himmlischen Troste, Segen und Gnade. Ohne deinen Willen, o Herr, kann mir nichts widerfahren. Ob ich schon wandle im finstern Thale, so bist du doch bei mir, dein Stecken und Stab trösten mich. Auch alle meine Haare auf meinem Haupte hast du gezählt. Wovor sollte mir grauen? Ich lebe oder sterbe, so bin ich dein und darum nicht verloren, sondern ewig selig durch Jesum Christum! Amen.

---

3. Barmherziger, gnädiger Gott und Vater, ich lobe und preise dich, daß du mich durch deine göttliche Gnade und Schutz den vergangenen Tag hast vollenden und seine Last und Plage hast überwinden lassen. Du hilfst ja immer eine Last nach der andern ablegen, bis wir endlich zur Ruhe und zu dem ewigen Tage kommen, da alle Plage und Not aufhören wird. Ich danke dir von Herzen für alles, was ich diesen Tag an Leib und Seele Gutes aus deiner Hand empfangen habe. Ach Herr, ich bin zu geringe aller deiner Barmherzigkeit, die du täglich an mir thust. Ich danke dir auch für die Abwendung des Bösen, das mir diesen Tag hätte begegnen können, und bitte dich herzlich und kindlich: vergieb mir alle meine Sünde, die ich diesen Tag begangen habe mit Gedanken, Worten und Werken. Ach! sei mir gnädig, mein Gott, sei mir gnädig. Laß heut alle meine Sünde mit mir absterben, und gieb, daß ich immer gottesfürchtiger, heiliger, frömmer und gerechter wieder aufstehe! Segne meinen Schlaf, wie den des Erzvaters Jakob, da er im Traum die Himmelsleiter sah und die heiligen Engel, und den Segen empfing: daß ich von dir rede, wenn ich mich zu Bette lege, an dich denke, wenn ich erwache, daß dein Name und Gedächtnis in meinem Herzen bleibe, ich schlafe oder wache. Siehe, der uns behütet, schläft nicht; siehe der Hüter Israels schläft noch schlummert nicht! Sei du, o Gott, mein Schatten über meiner rechten Hand; laß deine heiligen Wächter mich behüten und deine Engel sich um mich her lagern. Wecke mich morgen zu deinem Lobe und Preise, daß ich mit neuen Kräften dir dienen möge. Wenn aber diese Nacht nach deinem unerforschlichen Ratschluß die letzte sein sollte und mein Stündlein vorhanden ist, so verleihe mir einen seligen Schlaf und eine selige Ruhe in Jesu Christo, meinem Herrn! Amen.

---

4. O Herr, nun schließe ich meine Augen; du aber, Hüter Israels, schläfst und schlummerst nicht; du behütest mir Leib und Seele. Nun wird es finster um mich her; laß mir das Licht deines Angesichtes leuchten und sei mir gnädig; nun vergesse ich Sorge und Kummer; nun schweigen meine Lippen: laß meine Seele auch im Schlafe zu dir beten. Herr, heilige meine Ruhe; reinige mein Herz, daß kein unreiner Traum mein Herz beflecke und deinen Geist betrübe. Sei du mein Traum, meine Freude und Wonne, daß ich aufwache und deinen Namen preise, daß er so heilig und wunderbar und gütig ist. Amen.

---

5. Sammle, o Gott, alle meine Kräfte und Gedanken nur in dir, als in dem Brunnquell meines Lebens, damit ich dir würdiglich danken möge durch Jesum Christum deinen Sohn, weil du mich heute so reichlich begnadet und mir beigestanden hast. Nun befehle ich dir auch in solchem Vertrauen mein ganzes Wesen und Leben, wie auch alles andre zu deiner Verwaltung. Ja ich fliehe wider alle meine Feinde

in dein liebevolles Herz, und suche meinen Frieden in dir allein, weil mich sonst im Himmel und auf Erden nichts stillen und vergnügen kann. So wirke du nun allein in meinem Gemüt, damit keine andere Kraft an mir hafte. Schließe du selbst um deinen Tempel, mein Herz, deine Mauer, so kann ich wohl sicher ruhen, und mit allem zufrieden sein, wie du mit mir verfahren willst. Denn ich bin dein, und dein Sohn hat mich teuer erkauft, daß ich zugleich mit ihm leben soll, ich wache oder schlafe. Darum lebe, ruhe und schlafe ich nicht mir, sondern dir. Das schaffe du selbst in mir durch Christum im heiligen Geist allezeit. Amen.

Selbstprüfung am Abende.

6. Der Herr ist mit mir, darum fürchte ich mich nicht, was können mir Menschen thun? Also spreche ich jetzt, du gnädiger und liebreicher Gott, in dieser Abendstunde, und sage dir demütigen Dank, daß du mich diesen Tag unter deinem väterlichen Schutz und Segen hast zurücklegen lassen. Herr, deine Güte ist groß, und deine Barmherzigkeit hat kein Ende. Ach mein Gott, wie geschwind gehet doch ein Tag dahin; siehe, meine Tage sind eine Hand breit vor dir, und mein Leben ist ein nichts vor dir. Darum lehre mich doch, daß es ein Ende mit mir haben muß und mein Leben ein Ziel hat und ich davon muß.

Wir müssen ja alle offenbar werden vor dem Richterstuhl Christi, daß ein jeder empfange, nachdem er gehandelt hat bei Leibes Leben, es sei gut oder böse. Darum richte ich mich selbst und frage: meine Seele, wie hast du heute den Tag hingebracht? Hast du auch etwas Gutes gedacht? Ist Gott heute mit dir vereinigt geblieben, oder hast du ihn mit vorsätzlichen oder unwissentlichen Sünden von dir gestoßen? Mein Mund, was hast du heute geredet? Hast du gesprochen, was ehrbar, was recht, was lieblich, was wohllautet? Ist das Lob Gottes von dir ausgebreitet worden, oder bist du von Narrenteidingen und unnützen Worten übergeflossen? Wo seid ihr hingegangen, ihr Füße? Was habt ihr verrichtet und verübet, ihr Hände? Worauf habt ihr gehöret, ihr Ohren? Ihr Augen, wonach habt ihr gesehen? Was ist heute dein Verlangen, Dichten und Trachten gewesen, mein Herz? Ach, mein Gott! Wenn ich auf alle diese Fragen antworten soll, wie werde ich bestehen? Ach Herr, nimm weg mit dem entweichenden Tage meine Übertretungen. O Jesu, tilge meine Sünden mit deinem heiligen Blut. O heiliger Geist, versichere mich der Vergebung aller meiner Sünden, ehe ich noch einschlafe, damit ich nicht, wenn diese Nacht die letzte sein sollte, verloren werde.

Mein Vater, deine Liebe decke mich und die Meinigen. Mein Jesu, in deinen Wunden ruhe ich sanft und wohl. O heiliger Geist, thue du den letzten Seufzer in meinem Herzen, mit welchem ich meinen Geist in die Hände Gottes befehle! Amen.

(Für den Freitag.)

Herr Jesu, barmherziger Heiland! Laß uns diesen Abend mit Danken vor dein Angesicht kommen. Jeder Tag ist ein Gnadengeschenk deines und unseres Vaters im Himmel; seine Güte und dein Verdienst ist es, daß wir nicht gar aus sind. Wie dürften wir armen Sünder hoffen zu leben, wenn du nicht für uns gestorben wärst! Laß uns auch heute nicht vergessen, was es dich gekostet hat, uns zu erlösen; und laß den Segen deines Leidens und Sterbens an uns nicht verloren sein. Gedenke unser auch ferner in Gnaden, und laß uns deiner Treue Tag und Nacht befohlen sein. Nimm alle, die dich lieben, in deine Hände und an dein Herz, und laß uns in dir fröhlich ruhen. Gieb in dieser Nacht allen Weinenden Trost, allen Mühseligen und Beladenen süße Erquickung, allen Friedlosen verleihe deinen Frieden, allen Kranken sanfte Ruhe, allen Sterbenden die selige Hoffnung der Auferstehung. Herr Jesu, bei dir allein ist ewiger Friede — zu dir fliehen wir heute Abend — zu dir wollen wir dereinst auch unsre Zuflucht nehmen, wenn der Abend unsres Lebens naht, daß wir in dir sanft und selig einschlafen zum ewigen Leben! Amen.

(Für den Sonnabend.)

Lobe den Herrn, meine Seele und vergiß nicht, was er dir Gutes gethan hat! Ja Lob und Preis und Dank sei dir gesagt, Herr unser Gott, daß du uns diese ganze Woche über so gnädiglich behütet und bewahret hast! Bis hieher hat uns der Herr geholfen! So rühmen wir mit dankbarem Herzen. Nun befehlen wir uns auch getrost für diese Nacht in deine treuen Hände und bitten dich, du wollest uns unter deinem gnädigen Schutz und Schirm sicher ruhen lassen. Ach Herr, wir haben solche deine Güte und Treue nicht verdient, denn wir sind abgewichen von deinen Rechten und Geboten, haben auch in dieser vergangenen Woche dich oftmals betrübt mit unseren Sünden, du aber bist gnädig und barmherzig und deckest unsre Übertretung zu um Jesu Christi willen. Darum kommen wir getrost zu dir und flehen dich an, du wollest uns in dieser Nacht gnädiglich behüten vor Gefahr und Schaden, wollest deine Hand halten über diesem Hause und allen deinen Heiligen und Geliebten, daß kein Unfall uns schrecken mag. Wir wollen ganz in Frieden ruhen und schlafen, denn du bist bei uns, dein Auge wachet über uns. Gieb heiligen Frieden und Ruhe allen Menschen, insbesondere allen Betrübten, Elenden, Kranken und Sterbenden, und sende deine lieben Engel aus, daß sie mit himmlischen Waffen gerüstet stehen um alle die Deinen. Laß uns morgen mit Freuden erwachen, daß wir deinen heiligen Tag recht mögen feiern und in deinem Hause dich anbeten mit allen Gläubigen, und walte über uns bei Tag und Nacht, daß wir verharren in deiner

Liebe und Gemeinschaft und dereinst in Frieden zur letzten Ruhe mögen eingehen und darnach mit Frohlocken auferstehen zum ewigen Sabbath deiner Heiligen im Himmel! Das wollest du uns verleihen aus lauter Gnade und Barmherzigkeit durch Jesum Christum! Amen.

B. Tisch-Gebete.

1. Vor dem Essen.

1. Aller Augen warten auf dich, Herr, und du giebst ihnen ihre Speise zu seiner Zeit. Du thust deine Hand auf und erfüllest alles, was lebet, mit Wohlgefallen. Diese Speise segne uns Gott der Vater, der Sohn und der heilige Geist! Amen.

Herr Gott, himmlischer Vater, segne uns und diese deine Gaben, die wir von deiner milden Güte zu uns nehmen, durch Jesum Christum, unsern Herrn. Amen.

Luther.

---

2. Komm, Herr Jesu, sei unser Gast, und segne, was du uns bescheret hast. Amen.

---

3. Segne, Vater, diese Speise, uns zur Stärkung, dir zum Preise. Amen.

---

2. Nach dem Essen.

1. Danket dem Herrn, denn er ist freundlich, und seine Güte währet ewiglich! Amen.

Wir danken dir, Herr Gott, himmlischer Vater, durch Jesum Christum, deinen Sohn, für alle deine Gaben und Wohlthaten, der du lebest und regierest in Ewigkeit. Amen.

Luther.

---

2. Herr, habe Dank für Speis und Trank; du wollest fromm zu leben, uns deine Gnade geben! Amen.

---

3. Wir danken dir, Herr Jesu Christ, daß du unser Gast gewesen bist. Bleib du bei uns, so hats nicht Not; du bist das wahre Lebensbrot! Amen.

C. Fest-Gebete.

1. Advent.

Herr Gott, himmlischer Vater, wir danken deiner Gnade, daß du uns deinen Sohn gesandt hast und ihn gesetzt hast zum König der Gerechtigkeit und zu unserm Heiland und Erlöser, der uns aus dem Reich der Finsternis errette und uns Gerechtigkeit, Heil und Seligkeit verleihe. Wir bitten dich aber auch, erleuchte uns in seiner Erkenntnis und stärke uns im rechten, wahren, christlichen Glauben, daß wir ihn für unsern König und Seligmacher halten, annehmen und loben, und mit unsern Gaben und Kräften, mit allem, was wir von dir Gutes haben und vermögen, ihm unterthan sein und ihm dienen mögen, und er seine Wohnung unter uns und in uns habe, und wir allezeit in seinem Reiche und in seinem Gehorsam und Dienste bleiben. Neige der Fürsten und Gewaltigen Herz und Willen, daß sie dem Könige aller Könige und Herrn der Herrlichkeit aufthun ihre Pforten und Thore; laß ihn einziehen in ihre Lande, Städte und Kirchen, daß er seine Herberge bei ihnen habe, und mit seinem Wort und Geist regiere und herrsche. Steure dagegen und wehre allen denen, die Christo die Pforten zuschließen und ihm den Eingang wehren, oder ihn gar vertreiben und von sich stoßen. Mache ihr böses Vornehmen und ihre Anschläge zunichte. Beweise deine Macht und Barmherzigkeit an den armen Menschen, die noch in den Banden des Aberglaubens und in der Trostlosigkeit des Unglaubens, in gottlosem Wesen und falscher Lehre gefangen sind, daß Christus auch zu ihnen komme, und sein Reich des Lichts, der Wahrheit und Gerechtigkeit bei ihnen aufrichte. Erscheine auch mit Trost und Hülfe allen, die in Trübsal, Not und Anfechtung sind, und laß sie dein Nahesein spüren und durch deine Gnade aufgerichtet werden, damit du, ewiger Vater, samt deinem einigen Sohn und dem heiligen Geiste mit Lob und Preis und Anbetung deines heiligen Namens gerühmet und geehret werdest! Amen.

---

2. Weihnachten.

1. Allmächtiger Gott und Vater unsers Herrn Jesu Christi, gelobt sei dein heiliger Name immer und ewiglich! Du hast Großes an uns gethan, des bin ich fröhlich; denn uns ist heute der Heiland geboren, welcher ist Christus der Herr. Ich danke dir von Herzen, daß du solche Liebe uns erzeigt und deinen eingebornen Sohn gegeben hast, auf daß wir nicht verloren werden, sondern das ewige Leben haben. Preis und Ehre sei dir, Herr Jesu! Du bist ein Menschenkind geworden, auf daß wir Gottes Kinder würden; du bist arm geworden, auf daß wir reich würden; du hast dich zur Knechtsgestalt erniedrigt, auf daß wir zum Bilde Gottes erneuert und zum Himmel erhoben würden. Wir saßen alle in Finsternis und Schatten des Todes; da bist du uns die Sonne der Gerechtigkeit geworden, hast uns zugewendet die herzliche Barmherzigkeit Gottes; hast Frieden und Freude herniedergebracht und lässest uns aus deiner Fülle nehmen Gnade um Gnade. Darum frohlocket auch meine Seele und singet: Ehre sei Gott in der Höhe und Friede auf Erden und den Menschen ein Wohlgefallen! O lieber Herr und Heiland, ziehe nun ein in mein Herz, das nach dir verlangt, und erfülle es mit allen Gaben deiner Güte und Barmherzigkeit. Regiere mich mit deinem heiligen Geiste und heile mich vom Elende der Sünde. Verleihe mir Trost in allem Leide, Hülfe in aller Not, Kraft zum Widerstande in allen Anfechtungen des bösen Feindes, Beständigkeit in allen Versuchungen der Welt und meines sündlichen Fleisches, und endlich den Sieg im letzten Kampfe. Erbarme dich mit deiner Heilandsliebe über mich und alle die dein eigen sind, und gieb uns deinen Frieden, o Jesu! Amen.

---

2. O allmächtiger Gott, himmlischer Vater, wir danken dir von Grund unsrer Herzen, daß du aus lauter Wohlgefallen und aus unaussprechlicher Liebe deinen eingeborenen Sohn Jesum Christum, den Glanz deiner Herrlichkeit und das Ebenbild deines Wesens, in diese Welt gesandt hast, welcher unser armes Fleisch und Blut an sich genommen, auf daß er uns von Sünden, Tod und Teufel erlösete und mit sich in das Reich der ewigen Seligkeit versetzte. Gelobt sei deine herzliche Barmherzigkeit immer und ewiglich! Erfülle nun an diesem Feste unser aller Herzen mit deiner Gnade, daß wir deine große Liebe und Barmherzigkeit erkennen, nicht uns, sondern dir leben, dir vertrauen, dich lieben und loben unser Lebelang. Erhalte bei uns und unsern Nachkommen dein heiliges, seligmachendes Wort, sende treue Diener in deine Ernte. Wir bitten auch für alle Menschen, insonderheit aber für unsere christliche Obrigkeit. Regiere sie durch deinen Geist, daß sie vor allen Dingen bei ihrer Regierung das Reich unsers einigen, ewigen Königs Jesu Christi befördere und ausbreite, und ihren Stand und Wandel auf dieser Welt also führe, daß sie dermaleinst mit ihm und allen Auserwählten im Himmelreiche in alle Ewigkeit herrschen möge. Siehe deine bedrängte Kirche in Gnade an, komm ihr zu Hülfe und errette sie aus allen Nöten. Tröste sie, Herr, durch deinen Geist, daß sie sich deiner Güte freuen und deinen Namen ewig preisen möge. Laß heute in den Herzen aller Angefochtenen, Kranken, Verfolgten, Witwen, Waisen und aller andern, die in Not und Trübsal seufzen, eine tröstliche Christfreude aufgehen. Auch die, welche deinen Sohn Jesum Christum noch nicht erkennen, bringe an das Licht der Wahrheit, damit sie samt uns und allen Auserwählten, Engeln und Menschen, dich loben und im wahren Glauben und mit herzlicher Freudigkeit singen mögen: Ehre sei Gott in der Höhe und Friede auf Erden und den Menschen ein Wohlgefallen! Amen.

---

3. Jahreswechsel.

1. Wir danken dir, Herr Zebaoth, du Gott Israels, wir danken dir für alle deine Güte und deine Wunder, die du dies verflossene Jahr, wie auch die ganze Zeit unseres Lebens hindurch an uns gethan hast. Denn ob wir zwar bekennen müssen, daß wir alle vielfältig gesündigt haben und deinen Geboten ungehorsam gewesen sind, und du daher nicht Unrecht gethan hättest, wenn du uns gerichtet hättest, wie wirs verdient haben, so ist dennoch deine Barmherzigkeit zu groß, daß du nicht gethan nach deinem Zorn; denn du bist Gott und nicht ein Mensch, und bist der Heilige unter uns. Es ist deine Güte, daß wir nicht gar aus sind, deine Barmherzigkeit hat noch kein Ende. Du hast alle unsere Sünden hinter dich geworfen und uns dieselben vergeben. Du hast alle unsere Gebrechen geheilet, unser Leben vom Verderben erlöset, und uns gekrönet mit Gnade und Barmherzigkeit. Kirche und Schule und Haus hast du gesegnet und vor allem Übel behütet. Du hast uns Lehrer gegeben zur Gerechtigkeit und uns sagen lassen, daß sich ein jeglicher von seinem bösen Wesen bekehre und sein Leben bessere. Du hast unserer christlichen Obrigkeit Gnade und Weisheit verliehen, daß wir unter ihrem Regimente in stiller Ruh und gutem Frieden, wie Christen gebühret, unser Leben haben vollführen mögen. Du hast uns viel Gutes gethan an Leib und Seele, an Weib und Kind, an Hab und Gut, daß wirs nicht alles zählen können. Gelobet sei Gott der Vater unsers Herrn Jesu Christi, der uns gesegnet hat mit allerlei geistlichem Segen in himmlischen Gütern durch Christum, der uns soviel Gutes gethan, vom Himmel Regen und fruchtbare Zeiten gegeben, und unsere Herzen erfüllet mit Speise und Freuden. Danket dem Herrn, denn er ist freundlich und seine Güte währet ewiglich. Saget, die ihr erlöset seid durch den Herrn, die er aus der Not erlöset hat, die er errettet hat aus ihren Ängsten: Gelobet sei der Herr, der Gott Israels, von Ewigkeit zu Ewigkeit, und alles Volk sage Amen und lobe den Herrn! Gelobet sei der Herr ewiglich! Amen.

---

2. Herr, allmächtiger Gott, barmherziger Vater! Tag und Nacht ist dein, du machest, daß Sonne und Gestirne ihren gewissen Lauf haben, Sommer und Winter machest du. In deiner Hand sind wir selber und unser Leben und alle unsre Wege. Weil wir denn heute durch deine Güte und Allmacht ein neues Jahr anfangen, so kommen wir vor dein heiliges Angesicht und rufen zu dir, daß du uns, Gott, erhören wollest. Neige deine Ohren zu uns, laß unser Gebet dir zu Ehren und zu unserem Besten geschehen. Erleuchte und bekehre uns, daß wir von uns ablegen den alten Menschen, der durch Lüste in Irrtum sich verderbet, und den neuen Menschen anziehen, der nach Gott geschaffen ist; gieb Gnade, daß wir das ungöttliche Wesen verleugnen, hingegen anlegen die Waffen des Lichts und ehrbarlich wandeln als am Tage. Gott, sei uns gnädig und segne uns in der Kirche: lege dein Wort in den Mund unsrer Prediger, daß sie mit freudigem Aufthun desselben das Geheimnis des Evangelii kund machen, uns lehren, trösten, vermahnen und strafen mit ganzem Ernst. Segne unsre Obrigkeit und gieb ihr wahre Furcht Gottes, Weisheit und Verstand, seliglich und wohl zu regieren, Friede und Einigkeit zu erhalten, auf daß wir unter ihrem Regiment noch länger haben mögen Gottes Wort, zeitlichen Frieden und Nahrung. Siehe auf den Hausstand und fördere das Werk unserer Hände. Hilf, daß Eltern Freude an ihren Kindern haben, die Kinder aber die Eltern ehren. Hilf, daß Brüder eins seien, die Nachbarn sich lieb haben, Mann und Weib sich wohl mit einander begehen. Siehe an die Thränen der Witwen und Waisen, verachte nicht ihr Gebet und ihre Klagen. Rette alle, die in Kreuz und Trübsal, in Krankheit und anderen Anfechtungen sind. Tröste alle, die um deines heiligen Namens und um der Wahrheit willen verfolgt werden; gieb ihnen Geduld und Trost, daß sie in allem deinen väterlichen Willen erkennen. Hilf den Armen, daß sie sich genügen lassen und in dir reich sein lernen. Behüte die Reichen, daß sie nicht stolz seien, sondern auf dich, den lebendigen Gott, hoffen, der du ihnen allein darreichst, was sie genießen. Himmlischer Vater, du weißt, was wir bedürfen, darum beschere uns, was uns gut ist, zeitlich und ewiglich. Lehre uns thun nach deinem Wohlgefallen, dein guter Geist führe uns auf ebener Bahn, daß wir alles was du uns befiehlst hören und thun, und davon nicht weichen weder zur Rechten noch zur Linken. Steure allen Feinden und bekehre die noch ferne von dir sind; segne alle frommen Herzen, und wenn du uns in diesem Jahre willst aus diesem Jammerthale abfordern, wie wir denn nicht wissen, was heut oder morgen sich begeben mag, ach Herr, so erzeige uns die Gnade und nimm unsern Geist weg in Frieden, und laß uns selig einschlafen in deinem lieben Sohn, unserm Heilande Jesu Christo! Amen.

---

4. Epiphanienzeit.

Großer Himmelskönig Jesus Christus, dir sagen wir demütigen Dank, daß du nicht allein zur Freude deines auserwählten Volkes, sondern auch zum Troste der Heiden gekommen bist, uns zu Mitgenossen deiner Gnade und deines Reiches gemacht und uns solches geoffenbaret hast. Wie sollen wir dich für deine Wohlthat genugsam preisen! Wir waren außer der Bürgerschaft Israels und fremd von dem Testament der Verheißung, wir hatten keine Hoffnung und waren ohne dich in der Welt. Aber du hast uns herzugeführt, uns zu Bürgern mit den Heiligen und zu deinen Hausgenossen gemacht. Ach laß dein Wort den Stern sein, welchem wir folgen, um dich im Genusse deiner Gnade gewiß zu finden. Und ob wir uns durch unsere eigenen Gedanken von deinem Licht und Stern haben abwenden lassen, so bringe uns doch gnädig wieder zurecht und laß uns nicht auf Irrwegen fortgehen. Laß uns auf dein Wort achten als auf ein Licht, das da scheinet in einem dunklen Orte; laß in unsern Herzen den Tag selbst anbrechen und den Morgenstern aufgehen, daß wir dich sehen in deinem Lichte und dich anbeten in tiefster Demut, Liebe und Gehorsam, ja alles das Unsrige und uns selbst dir zu opfern und darzulegen willig seien. Solches thue um deines herrlichen Namens willen. Amen.

---

5. Passionszeit.

1. O Herr Jesus Christus, der du uns armen verlorenen Sündern durch dein heiliges, unschuldiges Leiden Gnade bei deinem himmlischen Vater erworben und das ewige Leben wiedergebracht hast, wir danken dir aus Herzensgrund für deine Liebe, deine Angst und Not und seligmachenden Tod und bitten dich: erhalte uns ewig in der Liebe und im Lobe deines Leidens, und gieb uns Gnade, die ewige Wohlthat der teuren Erlösung mit dankbarem Herzen zu erkennen und zu preisen. Laß uns dadurch im Glauben stärker, in der Hoffnung fröhlicher, in der Liebe heißer, in der Geduld getroster, im Gehorsam williger und beständiger werden und unsern Sünden absterben. Hilf auch, daß wir an unserm Ende uns deines blutigen Todes, uns zur ewigen Seligkeit, freuen und trösten mögen, o Herr Jesus Christus! Amen.

---

2. Wir danken dir, Herr Jesu Christe, daß du uns arme Sünder ohne unser Werk, Verdienst und Würdigkeit durch dein heiliges Leiden, Blutvergießen und Sterben erlöset hast. O Herr Jesu, wie groß ist dein Leiden, wie schwer deine Pein; wie viel ist deiner Marter, wie tief deine Wunden, wie bitter und schmerzlich ist dein Tod, wie unaussprechlich ist deine Liebe, mit der du uns deinem himmlischen Vater versöhnet hast! Du bist um unsrer Missethat willen verwundet und um unsrer Sünde willen zerschlagen. Die Strafe liegt auf dir, auf daß wir Friede hätten, und durch deine Wunden sind wir geheilet. O Herr Jesu Christe, für alle deine Marter und Pein sagen wir dir Lob und Dank und bitten dich, laß dein heiliges bitteres Leiden an uns nicht verloren sein, sondern gieb, daß wir uns desselben zu jeder Zeit von Herzen trösten und rühmen, es auch also begehen und betrachten, daß alle böse Lust in uns ausgelöscht, dagegen aber alle Tugend eingepflanzt und gemehrt werde, auf daß wir der Sünde abgestorben der Gerechtigkeit leben, deinem Vorbilde nachfolgen, in deine Fußtapfen treten, das Übel mit Geduld tragen und das Unrecht mit gutem Gewissen leiden. Amen.

---

6. Charfreitag.

Herr, himmlischer Vater, allmächtiger, ewiger Gott, der du der armen, sündhaften Welt dich erbarmet und um ihretwillen deines eingeborenen Sohnes nicht verschont, sondern ihn für alle in den Tod gegeben hast, damit wir durch ihn möchten leben und selig werden; wir danken dir für diese wunderbare Gnade und Barmherzigkeit, daß du den, der von keiner Sünde wußte, für uns zur Sünde gemacht hast, damit wir in ihm würden die Gerechtigkeit, die vor dir gilt.

O liebster Heiland Jesu Christ, du warest der Allerverachtetste und Unwerteste, voller Krankheit und Schmerzen, denn der Herr warf unser aller Sünde auf dich. Die Strafe lag auf dir, damit wir Frieden hätten, und durch deine Wunden sind wir geheilt. Darum so sei nun auch gelobet immer und ewiglich, daß du uns zu Gute dies alles gethan und deinem himmlischen Vater gehorsam geworden bist bis zum Tode, ja zum Tode am Kreuz! Erbarme dich noch ferner über uns deine Erlöseten, und hilf, daß unser keiner verloren werde. Hast du doch dein Leben für uns zum Schuldopfer gegeben; so gieb nun auch deinen heiligen Geist zu unserer Bekehrung, und mache uns gerecht durch deine Erkenntnis, nachdem du unsere Sünde getragen. Wir haben dir Arbeit gemacht mit unseren Sünden und Mühe mit unseren Missethaten. Hilf aber nun, daß wir nicht ohne Buße sterben oder dich mit sündhaftem Leben von neuem kreuzigen und durch ungläubige Verachtung dein Blut mit Füßen treten, welches uns reinigen soll von unseren Sünden. Vielmehr verleihe uns, daß wir mit geängstetem Geist und zerschlagenem Herzen dein Leiden und Sterben betrachten, in wahrem und festem Glauben unsere Zuflucht nehmen zu deinen heiligen Wunden und durch dieselben dermaleinst mögen eingehen zum ewigen Leben. Im übrigen beschere uns allezeit ein geduldiges Herz, nach deinem Vorbilde unser Kreuz auf uns zu nehmen und dir willig nachzufolgen, auf daß, so wir mit dir leiden, wir auch mit dir zur Herrlichkeit mögen erhoben werden! Amen.

---

7. Ostersonnabend.

Lieber Herr Jesu, ich habe dich in der heiligen Zeit deines Leidens und Sterbens um ein stilles Herz gebeten. Nun bitte ich dich auch bei deinem Grabe: gieb mir Gnade, meine Seele recht zu stillen. Dein Tod am Kreuz hat alles unter deinen Freunden und Feinden stille gemacht, was zuvor voll Unruhe war. Nun so heilige auch mir deinen Todestag und den Tag deines Begräbnisses zu einem Tag der Ruhe und heiligen Stille. Laß das Wort vom Kreuz, das ich in dieser Zeit wiederum gehört habe, als eine Quelle des Trostes in meinem Herzen bleiben, aber auch beständig wegen meiner Mitschuld mich strafen, damit ich desto eifriger deine Gnade suche und immer wieder stille werde im Glauben an die Vergebung, die du mir durch dein heiliges Leiden erworben hast. Laß mir, o Herr, die Schätze, die in dem Geheimnis deines Kreuzes verborgen liegen, nicht vergeblich aufs neue geöffnet sein, sondern gieb, daß ich im stillen Geist des Glaubens dieselben ergreife und genieße, dadurch mein Herz zu brünstiger Liebe gegen dich erwecke und mich zu heiligem Wandel in deiner Nachfolge antreibe! Amen.

---

8. Ostern.

1. Herr Jesu, du hochgelobter König der Ehren, der du durch Tod und Grab zu deiner Herrlichkeit und ewigen Herrschaft hindurchgedrungen bist: wir sagen dir Lob und Dank, daß du auch uns zu deinem ewigen Reich berufen und verordnet hast. Unser Herz ist voll Freude und unser Mund voll Rühmens über deines Thrones Macht und Herrlichkeit. In aller Not und Anfechtung der Welt sind wir getrost, denn du bist ja unser Herr und König. Im letzten Stündlein zagen wir nicht, denn du hast die Riegel des Todes und der Hölle zerbrochen und wirst am jüngsten Tage auch uns aus den Gräbern rufen. O Herr der Herrlichkeit, breite doch deines Reiches Grenzen immer weiter aus bis an die Enden der Erde, und führe auch die Heiden, die noch ferne sind, herzu, daß sie dir mit uns allen die Kniee beugen! Segne uns, deine Christenheit, die du gnädiglich regierest, und mache dir immer mehr alle Herzen unterthan. Regiere du, als der rechte Friedefürst, alle Könige, Fürsten und Obrigkeiten auf Erden, daß sie alles Volk nach deinem heiligen Wort und Willen lenken und ihr Regiment im wahrhaftigen Glauben führen. Sei auch, Herr Jesu, ein König und Herr in diesem Hause; leite du aller Herzen, Sinne und Gedanken und hilf durch deinen heiligen Geist, daß wir vor dir leben und wandeln als deine Jünger und Reichsgenossen. Regiere uns mit deiner Gnade, so lange wir auf Erden wandeln, und führe uns einst in dein seliges, herrliches Himmelreich! Amen.

---

2. Lieber Herr Jesus Christus, du allmächtiger Gott und starker Siegesfürst, der du die Bande des Todes zerrissen, in großer Majestät und Herrlichkeit aus deinem Grabe auferstanden und ein Erstling ge-

worden bist unter denen, die da schlafen; wir danken dir an diesem deinem großen Ehrentage für dein heiliges Leiden, Sterben und Auferstehen, denn es ist alles uns zu gute geschehen. Du hast die Pforten der Hölle zerbrochen, damit wir in ewiger Freiheit aus- und eingehen mögen. Du hast uns mit gewaltiger Hand ausgeführt aus dem Gefängnis und dem Reiche des Todes, dem du seine Macht genommen, und hast uns von der ewigen Dienstbarkeit erlöset. Du bist von den Toten auferstanden und mit Macht hervorgedrungen als unser Herr und Haupt und Erzhirt, auf daß wir als deine Glieder und Schafe auch nicht im Grabe bleiben, sondern durch dich zur ewigen Herrlichkeit auferstehen sollen. Darum rufen wir heute mit fröhlichem Munde: Gott sei Dank, der uns den Sieg gegeben hat durch unsern Herrn Jesum Christum. Auch bitten wir dich, laß deine heilige Auferstehung allezeit uns trösten, daß wir festiglich glauben, du habest alle unsere Sünden in deinem Grabe tief verborgen, daß sie vor das Angesicht des himmlischen Vaters nicht mehr kommen noch uns beschämen werden. Hilf uns auch endlich alle Todesnot und Schmerzen durch den freudigen Trost der Auferstehung kräftig überwinden; und wenn du durch die Stimme des Erzengels rufen wirst: Stehet auf, ihr Toten! so öffne unsre Gräber und laß uns dir mit Freuden entgegengehen. Dann werden wir dein heiliges Angesicht fröhlich anschauen und dich samt dem Vater und heiligen Geist in Ewigkeit preisen. Amen.

---

9. Bußtag.

Lies: Dan. 7, 4—19; Jes. 63, 7—64, 9; Psalm 51. 77; Luc. 13, 6—9.

Herr, Herr Gott, barmherzig und gnädig, geduldig und von großer Güte und Treue, der du vergiebst Missethat, Übertretung und Sünde, wir treten vor deinen Thron und bekennen mit demütigem Herzen, daß wir alle mannigfach wider dich gesündiget haben. Wir haben dich, unsern Gott und Herrn, oftmals verlassen, haben der Welt und unserm Fleische gedient und deine heiligen Gebote vielfältig übertreten. Wenn du gerufen, haben wir nicht geantwortet; wenn du gedroht, haben wir vom Bösen nicht abgelassen; wann du uns gezüchtigt, haben wir uns nicht gedemütiget. Ja wir sind allzumal Sünder und mangeln des Ruhms, den wir an dir haben sollten.

Darum kommen wir jetzt zu dir und bitten im Namen Jesu, deines lieben Sohnes, vergieb uns unsere Schuld und mache uns durch sein Blut rein von allen unseren Sünden. Sieh uns an mit den Augen deiner Barmherzigkeit, nicht als die Gefallenen, sondern als die Erlösten in Jesu Christo, deinem Sohne. Schenke uns deinen heiligen Geist, daß er uns erleuchte, reinige und erneuere. Hilf uns den guten Kampf des Glaubens kämpfen und laß uns unsträflich erhalten werden bis ans Ende.

Nimm dich deiner Kirche gnädig an und schütze sie wider alle Macht und List des Feindes. Segne die Predigt deines Wortes an allen Seelen und bewahre uns, daß der Satan den guten Samen nicht von unsern Herzen nehme. Laß deine Hülfe widerfahren unserm Vaterlande, unserm geliebten Kaiser samt seinem ganzen Hause, allen Obrigkeiten unsers Landes und unsern Gemeinden. Laß unter den Unruhen und Stürmen dieser Zeit unser Vaterland deiner gnädigen Obhut befohlen sein. Sei unserm Volke eine starke Schutzwehr gegen alle Feinde und Gefahren, die ihm drohen; bewahre uns unter dem Schatten deiner Flügel in rechter Einigkeit, Liebe und Treue.

Erbarme dich eines jeden, der heut mit bußfertigem Herzen zu dir aufblickt. Und wer noch verhärtet ist in Unbußfertigkeit, den erwecke du, o Herr, so lange es noch Zeit ist, und treibe ihn kräftig an, rechtschaffene Früchte der Besserung zu bringen.

Alle Kranke und Notleidende, alle Betrübte und Angefochtene befehlen wir deiner treuen Vaterliebe. Laß in jeder Anfechtung deinen heiligen Geist die Herzen regieren, stärken und trösten; und jede Trübsal laß geben eine friedsame Frucht der Gerechtigkeit denen, die dadurch geübet werden. Welche du aber abberufen willst aus diesem Leben, in denen verherrliche deine Macht und Gnade, daß sie in getrostem Glauben von hinnen scheiden und die Seligkeit erlangen, die du uns bereitet hast durch Jesum Christum. Amen.

---

10. Himmelfahrt.

O Heiland, der du aus Liebe zu uns dich aller deiner Herrlichkeit entäußert und Knechtsgestalt angenommen hattest und gehorsam worden warest bis zum Tode am Kreuz, dem aber Gott auch einen Namen gegeben hat, der über alle Namen ist, o laß die Kraft deiner Herrlichkeit unseren Herzen bekannt werden, damit auch wir in deinem Namen uns beugen und dir, unserm Könige, dienen und anhangen. Wir danken dir, Herr Jesu, daß du durch deine Himmelfahrt uns den Weg zum Himmel gebahnt und deines Vaters Herz uns aufgeschlossen hast. Du sitzest zur Rechten der Kraft Gottes, damit dir alle Herzen als ihrem rechtmäßigen Könige unterthan werden sollen. Siehe, hier sind Herzen, über die du als Herr und König herrschen solltest: ach sende einen Blick deiner Freundlichkeit auf uns herab.

Herr Jesu, gieb uns ein himmlisches Herz, und laß uns durch deine Gnade bewahret werden vor allen eitlen, irdischen Gedanken; sammle uns in deiner Gegenwart; stille unser Gemüt durch deine gnadenreiche Mitteilung; laß uns vor deinem Angesicht gesegnet sein. Herr, schließe durch deinen heiligen Geist unsre Augen auf, daß wir sehen mögen die Größe deiner Herrlichkeit und die Überschwenglichkeit deiner Liebe, damit wir anfangen, mit ganzem Herzen, Sinn und Gemüte gen Himmel zu wandeln, vor deinem Angesichte heilig zu leben und dich zu lieben, der du uns so hoch geliebt hast.

O Herr, vergieb um deiner Liebe willen, daß wir so oft von dir und deiner Auffahrt zur Herrlichkeit gehört und noch so wenig ihre Kraft in unseren Herzen erfahren haben. O daß wir dir die Ehre geben und uns deinem allmächtigen Scepter unterwerfen möchten!

Verherrlichter Jesu, verherrliche dich an unseren Herzen. Werde erkannt in deiner Größe, werde geehrt und geliebt von uns und ziehe ein in unsere Herzen. Laß sie deine Werkstatt sein; schleuß sie auf, daß wir mögen ermuntert werden, dir getrost nachzuwandeln, wie du uns vorangegangen bist und das Ziel erreicht hast. Erhöre unser Seufzen, o großer Hoherpriester zur Rechten Gottes; erwirb uns kraft deines Verdienstes ein kräftiges Ja und Amen.

---

11. Pfingsten.

1. O Gott, der du die Herzen deiner Gläubigen so gnädig und reichlich mit deinem heiligen Geiste am Feste der Pfingsten besucht und begabet hast: gieße auch diesen deinen Geist und gnädigen Regen über unsere dürren, verschmachteten Herzen, erquicke doch dein Erbteil und labe die Elenden. Komm, o heiliger Geist, und ziere uns mit deinen so vielfältigen Gaben, daß wir auch die großen Thaten Gottes, die durch Jesum Christum geschehen, wahrhaftig erkennen und preisen, daß wir mit neuen Zungen dein Wort reden, rühmen und ausbreiten mögen. Entzünde uns mit dem Feuer deiner heiligen Liebe, verzehre allen sündlichen Willen samt allen anderen fleischlichen Lüsten und Begierden; zünde an das Licht deiner Wahrheit, daß wir im Geist und Glauben inbrünstig mit rechtem Ernst und Eifer unserm Gotte dienen mögen. O du Gott des Friedens, verbinde unsere Herzen mit deinem Bande des Friedens, daß wir in Sanftmut und Demut, in Friede und Einigkeit bei einander bleiben und leben. O du Gott der Geduld, gieb uns Geduld in Leidenszeit und bis ans Ende Beständigkeit. O, du Geist des Gebets, erwecke unsere Herzen, damit wir sie samt heiligen Händen zu Gott mögen erheben und dich in allen Nöten anrufen; und da wir nicht wissen, was wir bitten sollen, noch wie sichs gebührt, ach, so vertritt du uns als unser treuer Fürsprecher mit unaussprechlichem Seufzen. Sei unser Schutz und Schatten in der Not, unsere Hülfe in Trübsal, unser Trost in aller Widerwärtigkeit. Komm, du starker Gott, und stärke die Schwachen, lehre die Elenden deinen Weg, hilf auf denen, die gefallen sind, bringe zurecht die Irrenden und halte sie bei deiner rechten Hand. Komm, o du ewiges Licht, Heil und Trost, sei unser Licht im Finstern, sei unser Heil im Leben, sei unser Trost im Sterben, und führe uns auf ebener Bahn zum ewigen Leben, damit wir dich samt unserem himmlischen Vater und seinem geliebten Sohn, unserem einigen Heiland, mit neuen Zungen dort am rechten Pfingsttage rühmen und preisen immer und ewiglich. Amen.

---

2. Wir loben und preisen dich, lieber himmlischer Vater, daß du deine Verheißung erfüllt, deinen heiligen Geist über alles Fleisch ausgegossen, deinen Himmel aufgethan und uns mit geistlichem Segen in himmlischen Gütern gesegnet hast. Nun hast du alles gethan, du Gott aller Gnade und Vater der Barmherzigkeit, was du dir vorgenommen, und deine großen Werke auf Erden vollendet, die deines Namens Ehre sind und unser ewiges Heil. Du hast den Namen deines lieben Sohnes verklärt und deine Liebe in unsere Herzen ausgegossen. Ja du willst selbst in uns wohnen, willst unser Gott sein und wir sollen dein Volk sein. Hochgelobt sei dein heiliger Name! Erhöre nun heute die Gebete deines Volkes. Tröste uns wieder mit deiner Hülfe und nimm deinen heiligen Geist nicht von uns. Halte im Bau den Weinstock, den deine Rechte gepflanzt hat, und tränke ihn mit dem himmlischen Tau deines Segens. Laß deine Gemeinde bleiben bei deinem reinen Wort und öffne wieder ihren Mund, daß sie deine großen Thaten preise. Thu die Thore deines Reiches weit auf und laß die Fülle der Heiden zu ihnen eingehen. Regiere mit deinem Geist alle christliche Obrigkeit, richte nach deinem Willen die Werke ihrer Hände und leite sie auf rechtem Wege, daß sie thun möge, was dir wohlgefällig und deinem Volke heilsam ist. Gieß über unsere Häuser den Geist der Gnade und des Gebetes aus und laß die Leuchte deines heiligen Wortes darin nicht verlöschen. Laß deinen Geist, den Geist des Trostes und der Kraft, die Elenden erquicken, die Traurigen trösten, die Schwachen stärken, und die aufs beste mit unaussprechlichem Seufzen vertreten, die in großer Anfechtung nicht mehr beten können. Vollende an uns allen das gute Werk, das du angefangen hast, und mache uns würdig, dein ewiges Reich zu erlangen, da die große Schar aus allen Völkern und Sprachen dir mit neuen Zungen Lob und Dank sagt ewiglich. Dir samt deinem lieben Sohne und dem heiligen Geiste sei Ehre in der Gemeinde zu aller Zeit und von Ewigkeit zu Ewigkeit. Amen.

---

12. Trinitatisfest.

O heilige Dreifaltigkeit, Gott Vater, Sohn und heiliger Geist! Wir danken dir, daß du dich uns in deinem Worte geoffenbart hast. Ach erhalte uns und unsern Nachkommen solch heilsame Erkenntnis deines göttlichen Wesens; laß uns aber auch dabei fest beharren und uns durch nichts davon abwendig machen. Du hochgelobter heiliger und dreieiniger Gott, wir rühmen, ehren und preisen dich. Heilig,

heilig, heilig ist unser Gott, der Herr Zebaoth, alle Lande sind seiner Ehre voll. O Gott Vater, sei uns gnädig, und erfreue uns mit deiner Liebe. O Gott Sohn, sei uns gnädig, und erhalte uns durch dein Verdienst. O Gott heiliger Geist, sei uns gnädig; tröste, erquicke und heilige uns durch deine Gemeinschaft. O du heiliger, dreieiniger Gott, sei uns gnädig, hilf uns recht glauben, christlich leben, geduldig leiden, und endlich, wenn die rechte Zeit kommt, selig abscheiden, damit wir mit allen Engeln und Auserwählten dich von Angesicht zu Angesicht schauen und ewig lieben, loben und preisen mögen. Amen.

---

13. Ernte-Dankfest.

Allmächtiger Gott, Vater aller Gnade! Wir bringen heute vor deinen Thron unsern demütigen Dank für deine ewig reiche Liebe, womit du auch in diesem Jahre deine milde Hand über uns aufgethan und alles was da lebet mit Wohlgefallen gesättiget hast. Deine Güte reicht, so weit der Himmel ist, und deine Wahrheit, so weit die Wolken gehen. Du hast Regen und fruchtbare Zeiten gegeben und unsre Herzen erfüllet mit Speise und mit Freude. Du hast Großes an uns gethan, des sind wir fröhlich. Herr, was ist der Mensch, daß du sein gedenkest, und des Menschen Kind, daß du dich sein also annimmst! Dich sollen wir finden und fühlen in deinen Wohlthaten, aber mit tiefer Beschämung müssen wir bekennen, daß wir deiner Gaben nicht wert sind, daß wir deiner oft vergessen, oft ängstlich gesorgt und gezagt, oft den Reichtum deiner Güte verachtet oder mißbraucht haben. Vergieb uns, o Vater, unsere Sünden! Bewahre uns vor dem Leichtsinn, der deine Gebote vergißt, vor der Trägheit, die deine Gnade versäumt, vor der Unmäßigkeit, die deine Güter mißbraucht, vor dem Geiz, der Herz und Hand dem Bruder verschließt. Dein Segen allein macht reich, und niemand lebt davon, daß er viele Güter hat. Wenn du unsre Seele von uns forderst, wes wird sein, das wir hier gesammelt haben? O so hilf uns reich werden in dir, unserm Gott; laß deine Güte uns zur Buße leiten und höre nicht auf, uns zu segnen. Gieb ferner fruchtbare Zeiten, bewahre uns vor Mangel und Teurung und laß uns deinen Segen in Frieden und guter Gesundheit genießen.

Du machest fröhlich, was da lebet: o so erfreue nach dem Reichtum deiner Liebe auch die Herzen aller Armen, Verlassenen und Betrübten, und laß sie inne werden, daß keins von dir vergessen sei. Hilf uns durch deine Gnade, daß wir nicht auf das Fleisch säen, sondern auf den Geist, damit wir vom Geist das ewige Leben ernten und in der himmlischen Freudenernte dich reiner und freudiger loben durch Jesum Christum, unsern Herrn! Amen.

---

14. Reformationsfest.

O heiliger wahrhaftiger Gott und Herr! Wie können wir Lob und Dank genug gegen dich aussprechen, daß du nach so langer Finsternis dein seligmachendes Evangelium aus großer Barmherzigkeit wieder ans Licht gebracht, und durch treue Zeugen und Bekenner desselben unsere Kirche von verderblichen Irrtümern und Menschensatzungen so herrlich gereiniget hast. Gieb ferner Gnade, daß wir dein untrügliches Wort, wie es dein Geist den Propheten und Aposteln eingegeben hat, samt den heiligen Sakramenten lauter und unverfälscht behalten. Wende unsre Herzen ab von unnützer Lehre, von Irrtum und Verführung. Wehre, du großer Erzhirte Jesus Christus, allen Feinden unsers Glaubens, daß keiner mit List oder Gewalt deine Schafe zerstreue und uns der gesunden und erquickenden Weide deines Wortes beraube. Bring auch die herbei zu deiner Herde, die noch in Unwissenheit, blindem Eifer, Unverstand und Irrtum dahingehn. Suche die Verlorenen, heile die an ihrer Seele Schaden genommen haben. Heilige uns alle in deiner Wahrheit, daß wir nicht durch gottloses Leben deiner Kirche zur Schande gereichen, sondern würdiglich wandeln dem Evangelio, und dasselbe in aller Widerwärtigkeit mit Worten und Werken bekennen. Siehe mit Gnade an den Weinberg, den du durch Jesum Christum gepflanzt und bisher gesegnet hast. Herr, du wollest uns vollbereiten, stärken, kräftigen, gründen. Dir sei Ehre und Macht von Ewigkeit zu Ewigkeit. Amen.

---

15. Totenfeier.

Herr Gott, du bist unsre Zuflucht für und für; der du die Menschen lässest sterben und sprichst: kommet wieder, Menschenkinder! Wir gedenken heute derer, welche du im vergangenen Kirchenjahre aus diesem Leben abgerufen hast. Du hast dich, so lange sie auf Erden wandelten, an keinem unter ihnen unbezeugt gelassen; nun aber hast du jeden an seinen Ort gehen lassen und giebst ihm nach seinen Werken. Ach lehre uns doch, daß auch unser Leben ein Ende hat, und daß du uns dann vor dein Gericht stellen wirst. Denn unser Leben fährt schnell dahin, als flögen wir davon. Wir sind wie ein Gras, das da frühe blühet und bald welk wird und des Abends abgehauen wird und verdorret. Es ist nur ein Schritt zwischen uns und dem Tode. Ach lehre uns das doch bedenken und laß dein Gericht allezeit vor unseren Augen stehen, daß wir klug werden. Die Seelen derer, die in diesem Jahre in dir und deiner Gnade entschlafen sind, sind nun in der Ruhe. Wir aber schweben noch auf dem Meere dieser Welt, umgeben allezeit und überall von Wellen und

Klippen. Führe uns sicher hindurch und laß uns auch zu dir gelangen. Bewahre uns vor dem Ende der Ungläubigen und Unbekehrten, und laß uns nicht aussäen auf das Fleisch, damit wir nicht einst das Verderben ernten, sondern auf den Geist, damit wir das ewige Leben ernten.

Verleihe, barmherziger Vater, daß keiner unter uns ohne Buße sterbe und ohne den seligmachenden Glauben an Jesum Christum, der sein Leben zum Lösegelde für uns gegeben hat und unser Friede ist. Reinige uns durch deinen heiligen Geist von allen Werken des Fleisches und stärke uns täglich zu neuem Eifer in der Heiligung, auf daß wir, wenn du uns rufest, bereit sein mögen. Laß dann, o Gott, deinen heiligen Geist unsrer Schwachheit aufhelfen und uns bei dir vertreten mit unaussprechlichem Seufzen. Dein Licht erleuchte uns, deine Barmherzigkeit führe uns, deine Hand schütze uns, deine Gnade helfe uns und schenke uns den Eingang zu deiner Herrlichkeit. Sei mit uns o Jesu, wenn der letzte Augenblick nun da ist, und erscheine unsern Seelen, wie du für uns gelitten und unsre Sünden getragen hast. Hilf uns, daß wir einen guten Kampf kämpfen und Glauben halten, auf daß wir die Krone des Lebens erlangen. Erhalte uns im Glauben an dich und in der Liebe zu dir, und stärke uns, gern um deines Sohnes willen in der Welt zu leiden, so wirst du uns auch mit dir herrlich sein lassen. Mache uns treu und erfülle dann an uns die Verheißungen, die du den Deinen gegeben hast, daß sie sein sollen, wo du bist, und deine Herrlichkeit sehen! Amen.

---

16. Geburtstag des Kaisers.

Allmächtiger Gott, himmlischer Vater, du Herr aller Herren und König aller Könige, der du von deinem Throne herabschauest auf alle, die auf Erden wohnen; wir bitten dich herzlich, walte mit deiner Gnade über dem Kaiser, unserm Könige und Herrn. Wir danken dir, daß du abermals ein Jahr seinem Leben und seiner Regierung zugesetzt hast, und bitten dich, segne ihn ferner aus deinem Heiligtum, erfülle ihn mit deinem Geiste, daß er erkenne, was uns gut, und vollbringe, was uns heilsam ist. Verleihe ihm christliche Weisheit, daß er das Reich deines Sohnes, unsers Herrn Jesu Christi, erweitere und befestige. Rüste ihn aus mit Kraft und Stärke, daß er alle Hindernisse des Guten und der Wohlfahrt des Landes glücklich besiege. Laß es ihm nie an weisen und redlichen Ratgebern fehlen, welche das Vaterland, Recht und Gerechtigkeit lieben und schützen. Mache ihn zum Vater der Witwen und Waisen, zur Zuflucht der Bedrückten, zum Beschützer aller Guten, zum Retter der Unschuldigen und zum Schrecken aller Schuldigen. Erhalte und bewahre sein teures Leben, schütze seine geheiligte Person vor jedem Unfall. Verherrliche an ihm und an seinem Hause deine Gnade; schenke ihm die Liebe seiner Unterthanen. Sei mit unserm Vaterlande, Herr unser Gott, wie du bisher mit demselben gewesen bist; gieb Friede und Ruhe, Glück und Heil in jedem Stande. Laß in unserm Lande Güte und Treue einander begegnen, Gerechtigkeit und Friede sich küssen; segne uns, Gott unser Gott, und alle Welt fürchte dich! Amen.

D. Beicht- und Abendmahls-Gebete.

1. Vor der Beichte.

Biblische Abschnitte, an Beichttagen zu lesen.

Psalm 32. 51. 130. Jesaj. 55, 1—11. Matth. 5. Luc. 15. Luc. 18, 9—14. Eph. 4, 22—5, 9. 1. Joh. 2, 1—12. Hebr. 10, 19—27. Offb. 3, 14—22.

1. Herr, meine Sünden haben mich niedergeschlagen, aber deine Güte, mein Gott, richtet mich auf. Sei mir gnädig nach deiner Güte, und reinige mich von meiner Missethat, die ich vor dir bekenne.

An dir habe ich gesündigt, denn ich achtete nicht deines Geistes, der zu mir sprach, und habe ihm seine Wohnung in mir nicht bewahret. Ich vergaß deiner Gegenwart und wich von deinem Heiligtum, daß ich groß Übel vor dir that.

Herr, du bist gerecht, wenn du mich richtest und verdammst. Du gabst mir deinen heiligen Geist, aber ich habe ihn betrübt. Mein Verderben ist groß, aber du hast keine Lust daran. Darum verbirg meine Sünden vor deinem Angesicht und tilge sie aus. Schaff ein neues Herz in mir; reinige mich und lehre mich deine Rechte halten, daß ich nicht mehr sündige. Lehre mich den Grund meiner Seele erkennen, und laß den Geist deiner göttlichen Weisheit in mir wohnen, daß mich die sündhafte Thorheit nicht mehr umhertreibe. Sende deine verborgene Kraft, und laß mich deine Gegenwart nicht verlieren. Verwirf mich nicht, sondern mache mich getrost durch deine Hülfe und Erbarmung.

Nach dir verlanget mich, o höchstes Gut, daß ich dich als meinen Retter preise und deine Barmherzigkeit lobe, welche die Sünde hinwegnimmt. Herr, ich bin beschämt und gebeugt und entschuldige mich nicht; ich suche Gnade und Heil mit einem geängstigten und zerschlagenen Herzen. Tröste mich und nimm das Opfer meines Willens an, den ich dir ganz zu unterwerfen begehre. Erquicke mich durch deine gnädige Verheißung in Christo Jesu; heile mein verwundetes Gewissen und nimm von mir die Gedanken, die sich unter einander verklagen.

Ich bin mühselig und beladen; gieb mir Frieden und erwecke ein neues Leben in meiner kranken Seele. Thue mir wohl und beschirme mich, daß kein Feind mich mehr erreiche. Laß das Alte in mir untergehen und schaffe alles neu durch deine Gnade. Amen.

---

2. Mein Gott, ich bitte von ganzem Herzen, sei mir gnädig, und vergieb mir alle meine Sünden um des teuern Verdienstes Jesu Christi, meines Heilands willen. Mein Heiland, du hast gesagt, wer zu mir kommt, den will ich nicht hinausstoßen. Auf diese deine tröstliche Verheißung komme ich und bitte, laß mich Gnade finden vor deinen Augen und vertritt mich bei meinem himmlischen Vater zu meiner Seelen Heil und Seligkeit. O heiliger Geist, erwecke mein Herz, daß ich nicht allein in wahrer Bußfertigkeit mit Herz und Mund meine Sünde bekenne, sondern auch die Stimme deines Dieners annehme als deine Stimme, zur Stärkung meines Glaubens und zur Versicherung der gnädigen Vergebung meiner Sünde um Christi willen. Amen.

---

2. Nach der Beichte.

1. Ach liebster Herr Jesu, ich danke dir von Grund meines Herzens, daß du mir armen Sünder durch den Diener deines Wortes abermal die gnädige Vergebung meiner Sünden hast ankündigen lassen. Siehe, um Trost war mir sehr bange; du aber hast dich meiner Seelen herzlich angenommen, daß sie nicht verdürbe; denn du warfst alle meine Sünde hinter dich zurück.

Verleihe mir nun deine Gnade, daß ich anfangen möge in einem neuen Leben zu wandeln, wie ich dir zugesagt. Schaffe doch nun, o Gott, in mir ein reines Herz und gieb mir einen neuen, gewissen Geist; verwirf mich nicht von deinem Angesicht und nimm deinen heiligen Geist nicht von mir; tröste mich wieder mit deiner Hülfe und der freudige Geist erhalte mich. Ach laß mich doch ablegen nach dem vorigen Wandel den alten Menschen, der durch Lüste in Irrtum sich verderbet, und anziehen den neuen Menschen, der nach Gott geschaffen ist, in rechtschaffener Gerechtigkeit und Heiligkeit. Laß mich ablegen von mir den Zorn, Grimm, Bosheit, Lästerung und schandbare Worte. Laß mich töten alles, was der Erde angehört, alle Unreinigkeit, böse Lust und Geiz. Hingegen was wahrhaftig, was ehrbar, was gerecht, was keusch, was lieblich, was wohllautet, ist etwa eine Tugend, ist etwa ein Lob, dem laß mich nachdenken. Gieb, daß ich verleugne das ungöttliche Wesen und die weltlichen Lüste, und züchtig, gerecht und gottselig lebe in dieser Welt, und warte auf die selige Hoffnung und Erscheinung deiner Herrlichkeit, um deines allerheiligsten Namens willen. Amen.

---

2. O Gott, ich habe dir zugesagt, frömmer zu werden; hilf du mirs vollenden. Gieb mir das Wollen und Vollbringen; gieb mir deinen heiligen Geist, der mich meiner Zusage täglich erinnere. Laß alle Sündenlust, alle verkehrten Gedanken und Begierden und alles, was sündlich ist, in mir absterben, und hilf, daß ich mein Leben lang an deiner Huld und Gnade mich erfreue, an deiner Liebe mich sättige, an deiner Treue mich halte, nach deinem Worte mich richte, durch deine Gnade christlich lebe, geduldig leide und durch des Herrn Jesu teures Verdienst selig sterbe und freudig in den Himmel eingehe. Amen.

---

3. Biblische Abschnitte für Abendmahlstage.

Psalm 23. 111. Joh. 6, 48—58. Joh. 15, 1—12. Röm. 8, 31—39. 1. Cor. 11, 23—32. Offenb. 22.

---

4. Am Morgen des Abendmahlstages.

Allmächtiger und barmherziger Gott und Vater, ich danke dir von Grund meines Herzens für deinen Schutz und Schirm in dieser Nacht und für den frohen Morgen, welchen du mich erleben lässest. Gelobt sei deine Barmherzigkeit, die alle Morgen neu ist und mich heute zu deinem Hause, zu deinem Altare ruft und einladet.

O Herr, weil ich nun mit denen, die da feiern, zu deinem Abendmahle kommen will, so bereite du mich selbst dazu. Willst du eine reine Wohnung in mir finden, so reinige und heilige selbst meinen Leib und Seele. Leite mich mit deinen Augen, führe mich mit deiner Hand zum Reichtum deiner Güte, tröste mich mit deinem Angesichte. Erhalte mich in beständiger Andacht, bewahre mich vor bösen Gedanken, nimm mich in deinen besonderen Gnadenschutz und weiche nicht von mir.

Heiliger Jesu, vereinige du dich an diesem Tage mit meinem Leibe und mit meiner Seele. Speise mich mit deinem Leibe, tränke mich mit deinem Blute, auf daß mein schwacher Glaube gestärkt und ich deiner Gnade, der Vergebung meiner Sünden und der ewigen Seligkeit versichert werde, daß ich als ein würdiger Gast an deinem Tische erscheine.

Nun, Herr Gott Vater, sei mein Schutz und Beistand. Herr Jesu, sei meiner Seele Speise, Licht und Leben. Und du, Herr Gott, heiliger Geist, erleuchte mich und erhalte mich in der wahren Heiligung, daß ich in dem Stande der Gnade, in welchen ich heute aufs neue trete, Zeit meines Lebens verbleiben möge. O Herr, hilf, o Herr, laß wohlgelingen. Deinem heiligen Namen sei Lob, Ehre und Dank gesagt immer und ewiglich. Amen.

---

5. Vor dem heiligen Abendmahl.

1. Herr Jesu Christe, mein getreuer Hirt und Bischof meiner Seele, du hast gesagt: „Ich bin das Brot des Lebens, wer von mir isset, den wird nicht hungern, und wer an mich glaubt, den wird nimmermehr dürsten.“ Siehe, ich komme zu dir und bitte dich demütiglich, du wollest mich recht bereiten und zum würdigen Gast deines himmlischen Mahles machen; du wollest mich heute weiden auf einer grünen Aue und zum frischen Wasser des Lebens führen; du wollest meine Seele erquicken und mich auf rechter Straße führen um deines Namens willen.

Vor allen Dingen erwecke in mir wahre, herzliche Reue und Leid über meine Sünde, und lege mir an das rechte hochzeitliche Kleid des Glaubens, damit ich dein heiliges Verdienst zum ewigen Trost meiner Seele ergreifen und fest behalten möge. Gieb mir ein demütiges und versöhnliches Herz, daß ich meinen Feinden von Herzensgrund vergebe, und tilge in mir die Wurzel aller Bitterkeit und Feindseligkeit aus. Pflanze dagegen in meiner Seele herzliche Liebe und Barmherzigkeit, daß ich meinen Nächsten, ja alle Menschen in dir lieb habe.

Ach mein Herr, du hast ja selbst gesagt: die Starken bedürfen des Arztes nicht, sondern die Kranken. Ach ich bin krank, ich bedarf deiner als meines himmlischen Seelenarztes. Du hast ja gesagt: kommt her zu mir alle, die ihr mühselig und beladen seid, ich will euch erquicken. Ach Herr, ich komme mit vielen Sünden beladen, nimm sie von mir, entledige mich dieser großen Bürde. Ich komme als ein Unreiner, reinige mich; als ein Blinder, erleuchte mich; als ein Armer, mache mich an meiner Seele reich; als ein Verlorner, suche mich; als ein Verdammter, mache mich selig. Ach Jesu, treuster Freund meiner Seele, führe mich von mir selber ab und nimm mich auf zu dir, ja in dich. Denn in dir lebe ich, in mir selber bin ich tot. In dir bin ich gerecht, in mir bin ich eitel Sünde. In dir bin ich selig, in mir bin ich lauter Verdammnis. In dir habe ich volle Genüge, du bist mir alles. Bleibe ewig in mir und laß mich ewig in dir bleiben, wie du gesagt hast: wer mein Fleisch isset und trinkt mein Blut, der bleibt in mir und ich in ihm, und ich werde ihn auferwecken am jüngsten Tage. Amen.

---

2. Hier komme ich, mein Heiland, auf deine freundliche Einladung. Laß mich Gnade finden vor deinen Augen, du Liebhaber des Lebens. Wäre ich gleich heiliger als die Engel, so wäre ich doch darum noch nicht würdig dieses Tisches, es sei denn, daß du mich würdig machest. Darum komme mir zuvor mit deiner Gnade und bereite mich. Nimm dich meiner Seele an nach deiner großen Liebe. Gedenke, daß ich von mir selber zwar viel Böses, aber nichts Gutes habe, und hilf mir um deiner Güte willen. Gedenke an deine Treue, der du aller Welt Heiland bist, und erfülle mein Herz mit Gnaden. Wie gern wollte ich mit brünstiger Andacht in völligem Glauben herzugehn, aber das Vollbringen fehlt mir, wenn ichs von dir nicht erlange, du Anfänger und Vollender des Glaubens. Darum nimm gnädig von mir was dir mißfällt, oder bedecke es mit deiner Gerechtigkeit, und gieb mir was dir wohlgefällt. Wohl der Seele, die dir angenehm ist. Entledige mein Herz von allen fremden Gedanken und mein Gemüt von aller Zerstreuung. Stärke meinen Glauben, entzünde meine Liebe, vermehre meine Hoffnung, erwecke meine Andacht. Heilige mich durch und durch, auf daß ich in herzlicher Zuversicht herzutrete, mit reinen Lippen und heiligem Herzen nehme, esse und trinke zu meiner Seele Leben, Heil und Segen. Amen.

---

6. Nach dem Abendmahl.

Ach du freundlicher, liebreicher Herr Jesu Christe! Dir sage ich von Herzen Dank, daß du mich mit der köstlichen und teuren Speise und dem Trank deines heiligen Leibes und Blutes gespeiset und erquicket hast. Ach wer bin ich, daß du mich Unwürdigen gewürdigt hast von deinem Tische zu essen! Ach wie könntest du mir doch ein höheres Pfand geben deiner Liebe, und eine größere Versicherung meiner Erlösung, der Vergebung der Sünden und des ewigen Lebens?

Gieb, daß ich deine große Liebe nimmermehr vergesse, deines heiligen Todes stetiglich gedenke. Dein heiliger Leib und dein teures Blut heilige und segne meinen Leib und meine Seele, und behüte mich vor allen Sünden. Ach, mein Erlöser und Seligmacher, lebe du in mir und ich in dir, bleibe du in mir und ich in dir. Vertreib aus meinem Herzen alle Untugend; behalte und besitze du allein das Haus meines Herzens.

Meine arme Seele hat sich mit dir verbunden als deine Braut, und du hast dich mit ihr verlobet und vereinigt in Ewigkeit, sie ist nun eine Königin worden, weil du selbst, der König aller Könige, dich mit ihr vermählet hast. Wie sollte sie sich wieder zur Dienstmagd erniedrigen so vieler Sünden und Unsauberkeit? Wie sollte sie sich ihres Adels wieder verlustig machen durch die Eitelkeit und Nichtigkeit der Sünden, und sich selbst unwürdig einer so hohen Ehre? Ach schmücke und ziere meine Seele mit geistlichem Schmuck, mit himmlischer Schönheit, mit starkem Glauben, feuriger Liebe, brennender Hoffnung, mit tiefer Demut, heiliger Geduld, brünstigem Gebet, holdseliger Sanftmut, sehnlichem Verlangen nach dir und nach dem ewigen Leben, daß ich mit dir allein Gemeinschaft habe, ich esse oder trinke, wache oder schlafe, lebe oder sterbe; daß du bei mir und in mir, und ich bei dir und in dir ewig bleibe, von dir rede, singe und sage, ohne Unterlaß an dich gedenke; daß ich möge in diesem Glauben einschlafen, am jüngsten Tage fröhlich auferstehen und in die ewige Freude eingehen. Amen.

---

7. Am Abend des Abendmahlstages.

Lobe den Herrn, meine Seele, und vergiß nicht, was er dir Gutes gethan hat. Der dir alle deine Sünden vergeben, der dein Leben vom Verderben erlöset und dich gekrönet hat mit Gnade und Barmherzigkeit.

Ja, lieber himmlischer Vater, mein ganzes Herz ist bereit, deinen Ruhm mit Dankbarkeit und Freude zu verkündigen, nachdem ich durch das Nachtmahl deines Erlösers von deiner Liebe aufs neue bin versichert worden. Nicht um der Werke der Gerechtigkeit willen, die ich gethan, sondern nach deiner Barmherzigkeit hast du dich meiner angenommen und mir alle meine Sünden vergeben. Über eine solche Güte bin ich sündiger Mensch am Tische deines Sohnes beschämt und gedemütigt, aber auch überschwenglich getröstet, erfreut und in meinem Vertrauen auf dich befestigt worden. Vergelten kann ich dir nichts für allen Reichtum deiner Barmherzigkeit. Du bedarfst meiner nicht; alles was ich habe, habe ich von dir empfangen. Und dazu forderst du mich auf und willst es mit Wohlgefallen ansehn, daß ich deinen Willen hinfort gern thue, und deine Gebote in meinem Herzen habe. Gieb, so rufst du mir in dieser Abendstunde zu, gieb mir nunmehr, mein Sohn, dein Herz, und laß deinen Augen meine Wege wohlgefallen. Wohlan, das will ich thun. Was wahrhaftig, was ehrbar, was keusch, was lieblich, ist etwa eine Tugend, ist etwa ein Lob, dem will ich nachdenken; in Trübsal will ich geduldig sein, denn der feste Bund Gottes bestehet und hat dieses Siegel: der Herr kennt die Seinen. Dabei will ich verbleiben, bis mein Ende herbeikommt und ich das Ende meines Glaubens, nämlich der Seelen Seligkeit davon bringen werde. Da werde ich den wahren Segen eines thätigen Christentums erfahren, wozu du mich heute aufs neue gestärket hast. Da wird mich kein Leid mehr drücken, keine Sünde mehr traurig und unselig machen. Da will ich schauen dein Angesicht in Gerechtigkeit; da will ich satt werden, wenn ich erwache, an deinem Bilde. Amen.

E. Für besondere Tage des häuslichen Lebens.

1. Am Trauungstage.

Herr Gott, Vater und Herr meines Lebens, der du dem Menschen einen Gehilfen in diesem mühseligen Leben nach deinem Rat zuordnest, prüfe mich bei meinem Vorhaben, heute in den Stand der heiligen Ehe zu treten, und erfahre in meinem Herzen, wie ichs meine: ob ich durch deinen heiligen Rat und Willen dazu gekommen und dich vor allem mit Gebet und Glauben gesucht habe, oder ob ich aus unlauteren Absichten in diesen Stand eile. Das Blut deines Sohnes Jesu Christi reinige uns von aller Sünde, daß du bei uns und unter uns mit deinem Geiste wandeln und wohnen mögest. Ja mache uns dir zu Tempeln deines heiligen Geistes und zu Gefäßen deiner Barmherzigkeit; lehre uns alles anfangen in der Buße und Zukehrung unserer Herzen zu dir, mit Glauben und Vertrauen auf dein Wort und deine Verheißung.

Besonders aber, o du ewiges Gut, entzünde durch den Glauben in uns eine solche brünstige Liebe zu dir, daß dir auch unsere Liebe untereinander allein geheiligt werde, und ein jedes nur dich in dem andern liebe. Verbinde uns hiezu in Einem Sinn und Geist durchs Gebet; lehre uns vor dir niederfallen und erst deinen Segen suchen. Wirke in uns durch deinen Geist wahre Treue gegen dich und gegeneinander; gieb uns Ein Herz und Eine Seele zu dir, daß wir beständig vor deinem Angesicht wandeln, einander zu allem Guten ermuntern, im Kreuz aufrichten, im Glück an dir bleiben und so unser Leben im Frieden und Segen zubringen.

Ja, erfülle an uns die liebreichen Absichten, wozu deine Vorsehung uns mag zusammengeführt haben, daß du von uns gepriesen werdest in Zeit und Ewigkeit. Weil du aber, o himmlischer Vater, aus tiefer Weisheit nach dem Fall viel leibliche Trübsal auf diesen Stand gelegt hast, so bereite uns ja aus lauter Gnade zuvor in gründlicher Herzensbekehrung auf alle bevorstehenden bösen Stunden, dadurch du uns etwa prüfen und diesen heiligen Stand dem Fleische nach schwer machen möchtest. Lehre uns darin in Heiligkeit vor dir leben als deine wahren Kinder, und durch deinen Geist erleuchtet und geheiligt einen solchen Bund vor dir machen, daß wir dir zusammen ewig treu bleiben und anhängen wollen. Lege du selbst, Herr Jesu, in uns den wahren Grund in Glauben und Liebe, und gieb uns untereinander Geduld im Leiden, Sanftmut und christliches Tragen der Schwachheiten und Fehler des andern; und also laß uns alle Not in dir überwinden, einander ermahnen, stärken und trösten, wie es not thut, damit wir ewig in dir vereinigt seien und bleiben. Amen.

---

2. Gebet christlicher Eheleute.

Barmherziger, gnädiger Gott, lieber Vater, du hast uns nach deinem gnädigen Willen und göttlichen Vorsehung in den heiligen Ehestand versetzt, daß wir nach deiner Ordnung darin leben sollen. Darum trösten wir uns auch deines Segens und bitten dich: laß uns ja in deiner göttlichen Furcht bei einander leben. Laß uns vor allen Dingen dein Wort lieb haben, daß wir sein mögen wie ein Baum am Wasser gepflanzet, der seine Frucht bringt zu seiner Zeit. Laß uns mit einander in Frieden und Einigkeit leben und unsern Ehestand in Zucht und Ehrbarkeit führen, daß dein Segen bei uns wohne und wir einen ehrlichen Namen haben mögen. Gieb Gnade, daß wir unsere Kinder in der Furcht und Vermahnung zu deinen göttlichen Ehren auferziehen, daß du aus ihrem Munde dir ein Lob bereiten mögest. Gieb ihnen ein gehorsames Herz, daß es ihnen möge wohlgehen und sie lange leben auf Erden. Gieb uns auch das tägliche Brot und segne unsre Nahrung. Und wenn du uns, lieber Gott, Kreuz und Trübsal zusenden willst, so gieb uns Geduld, daß wir uns im Glauben deiner väterlichen Züchtigung unterwerfen. Fallen wir, so verwirf uns nicht, sondern halte uns bei der Hand und richte uns wieder auf. Lindere uns unser Kreuz und tröste uns wieder und verlaß uns nicht in unsrer Not. Gieb auch, daß wir das Zeitliche nicht lieber haben als das Ewige; wir haben ja nichts in die Welt gebracht und werden auch nichts mit hinausbringen. Laß uns nachjagen dem Glauben und der Liebe und ergreifen das ewige Leben, dazu wir berufen sind. Gott der Vater segne und behüte uns. Gott der Sohn erleuchte sein Angesicht über uns und sei uns gnädig. Gott der heilige Geist erhebe sein Angesicht auf uns und gebe uns Friede! Amen.

---

3. Nach der Geburt eines Kindes.

Lieber Herr Gott, himmlischer Vater, wir danken dir, daß du unser Haus gesegnet und uns ein Kindlein geschenkt hast, uns zur Freude und dir zur Ehre. Du hast gnädiglich gewacht über der Mutter dieses Kindleins, hast sie bewahret vor allerlei Schaden, hast sie getröstet und gestärkt in ihren schweren Stunden, und nun, da das Kind zur Welt geboren ist, freuen wir uns und sind fröhlich, und sagen dir, Herr, unser Gott, Dank für solche deine Gnade und herzliches Erbarmen, befehlen dir auch dies Kindlein in deine Vaterhände, denn du bist ja der rechte Vater über alles, was Kinder heißt im Himmel und auf Erden; du wollest ihm Leben und Odem bewahren und dein Angesicht über ihm leuchten lassen, es aufnehmen in deine heilige Kirche und Gemeinde, es zu deinem Kind und Erben machen, es treulich führen und leiten durch dies arme Leben und dereinst eingehen lassen zur Herrlichkeit der Kinder Gottes in deinem seligen Himmelreiche. Dazu hilf, o Gott der Gnade, diesem Kindlein und uns allen. Amen.

---

4. Am Tauftage eines Kindes.

(Vor der Taufe.)

O Herr Jesu Christe, unser einiger Heiland, Trost und Seligmacher, du hast ein herzliches Wohlgefallen an den Kindlein, die zu dir gebracht werden, und nimmst sie gern an zum ewigen Leben. Denn du hast gesagt: lasset die Kindlein zu mir kommen, denn solcher ist das Reich Gottes. Auf dies dein Wort bringen wir dies Kind durch unser Gebet zu dir und bitten: nimm es an und laß es deiner Erlösung, die du uns am Kreuz durch dein bitteres Leiden und Sterben erworben hast, durch die heilige Taufe teilhaftig werden; zeichne es in deine Hände und laß es dein sein und bleiben zu seiner Seelen Seligkeit um deines heiligen Namens willen. Amen.

(Nach der Taufe.)

1. Allmächtiger, ewiger Gott, lieber himmlischer Vater, der du der rechte Vater bist über alles, was Kinder heißt im Himmel und auf Erden, wir sagen dir von Herzen Lob und Dank, daß du dieses Kindlein uns geschenkt und bisher behütet und nun verliehen hast, daß es durch die heilige Taufe wiedergeboren ist zum ewigen Leben und einverleibt deinem lieben Sohne, unserm Herrn Jesu Christo. Wir bitten dich demütiglich, du wollest dieses Kind, welches nunmehr dein Kind und Erbe geworden ist, bei der empfangenen Gutthat gnädiglich erhalten und treulich in der Taufgnade bewahren, damit es nach allem deinem Wohlgefallen zur Ehre deines Namens treulich auferzogen werde, im wahren Glauben bis zum seligen Ende beständig verbleibe und endlich das verheißene Erbteil im Himmel mit allen Heiligen empfange durch Jesum Christum, unsern Herrn. Amen.

---

2. O gütiger Gott, himmlischer Vater, da du dieses Kindlein aus lauter Gnade zu dem Bade deiner heiligen Taufe hast kommen lassen und als dein Gnadenkind um Jesu Christi willen auf- und angenommen, so bitte ich dich von ganzem Herzen, du wollest demselben fortan deinen heiligen Geist verleihen, daß es durch desselben Kraft und Stärke unter der Fahne Jesu Christi, zu der du es hast schreiben lassen, ritterlich streite, daß es Christum Jesum mit dem Herzen glaube und mit dem Mund bekenne, auch sein Kreuz auf sich nehme und ihm auf dem Wege der Gerechtigkeit geduldig und beständig nachfolge, damit es einmal mit mir und allen rechtschaffenen Christen fröhlich vor deinem Richterstuhl erscheine, die ewige Seligkeit erlange und dich, o Gott, ewiglich preise! Amen.

---

5. Beim Kirchgang einer Wöchnerin.

Allmächtiger, großer und starker Gott; ich erscheine mit Freuden vor deinem heiligen Angesicht und lobe dich für alle deine Wohlthat, womit du mich begnadigt hast. Du hieltest mich, da ich sinken wollte; du erquicktest mich, da ich schwach war; du stärktest mich, als meine Kräfte dahin waren. Du hast alles wohlgemacht und herrlich hinausgeführt, mich und mein Kindlein lebendig und gesund erhalten bis auf diesen Augenblick. Darum lobe den Herrn, meine Seele, und vergiß nicht, was er dir Gutes gethan hat; der dein Leben vom Verderben erlöset und dich krönet mit Gnade und Barmherzigkeit. Herr, laß dir wohlgefallen das Dankopfer meiner Lippen und nimm das Gebet meines Herzens gnädiglich an! Laß auch fernerhin deine Barmherzigkeit groß an mir werden; nimm mich in deinen heiligen, gnädigen Schutz; segne das Kind, das du mir anvertraut hast, daß es aufwachse zu deiner Ehre, zu seinem Heil und zu meiner Freude; behüte und segne du meinen Ausgang und Eingang von nun an bis in Ewigkeit! Amen.

---

6. Gebet der Eltern für ihre Kinder.

Ach getreuer, lieber Gott und Vater, Schöpfer und Erhalter aller Kreatur, wir danken dir von Herzen für die Kinder, die du uns durch deinen Segen gegeben hast; und bitten dich herzlich, weil du gesagt hast, du wollest deinen heiligen Geist geben allen, die dich darum bitten, begnade auch unsre Kinder mit deinem heiligen Geist, der in ihnen die wahre Gottesfurcht anzünde, welche ist der Weisheit Anfang. Wer darnach thut, des Leben bleibet ewiglich. Beselige sie mit deiner wahren Erkenntnis, behüte sie vor aller Abgötterei und falscher Lehre, laß sie in wahrem seligmachenden Glauben und in aller Gottseligkeit erwachsen und darin bis ans Ende beharren. Gieb ihnen ein gläubiges gehorsames Herz, auch Weisheit und Verstand, daß sie wachsen und zunehmen an Alter und Gnade bei Gott und den Menschen. Pflanze in ihre Herzen die Liebe deines göttlichen Wortes, daß sie seien andächtig im Gebet und Gottesdienst, ehrerbietig gegen die Lehrer des Worts und gegen jedermann; schamhaftig in Worten, treu in Werken, fleißig in Geschäften, verständig und rüstig in allen Dingen, sanftmütig und freundlich gegen alle Menschen. Behüte sie vor den Ärgernissen dieser Welt, sei ihr Schutz in allerlei Gefahr. Laß uns ja nicht Unehre und Schande, sondern Freude und Ehre an ihnen erleben, daß durch sie auch dein Reich gebauet und die Zahl deiner Gläubigen vermehret werde, daß sie auch im Himmel als die himmlischen Ölzweige an deinem Tische sitzen und dich mit allen Auserwählten ehren, loben und preisen mögen durch Jesum Christum unsern Herrn. Amen. Ps. 127 u. 128.

---

7. Am Konfirmationstage.

Herr Gott, lieber himmlischer Vater, mit demütigem, dankbaren Herzen nahe ich mich heute zu deinem Altar und erhebe meine Seele zu dir an dem Tage, da ich meinen Taufbund erneuern soll. O Gott, ich bin nicht wert aller Barmherzigkeit und Treue, die du von Kindesbeinen an mir erwiesen hast. Als ich selber von mir noch nichts wußte, hast du dich meiner liebreich angenommen und mich mächtig beschirmt. Tausend Gefahren drohten meinem Leben, du hast sie gnädig abgewendet. Viele ließest du jung sterben, aber mich ließest du leben und unter treuer Pflege aufwachsen, daß ich dich, meinen Schöpfer und Herrn, meinen Gott und Vater, und den du gesandt hast, Jesum Christum, deinen Sohn, als meinen Heiland kennen gelernt habe. Nun weiß ich, an wen ich glaube und auf wessen Namen ich getauft bin. Nun weiß ich, wer mich selig macht und in wessen Nachfolge ich wahres Glück und Seelenfrieden finden kann. Du bist es, Herr Jesu, mein Heiland, und mit dir schließe ich heute den Bund, dir Treue zu geloben bis in den Tod, dir nachzufolgen auf dem schmalen Wege, deiner Stimme zu gehorchen unter allen Versuchungen und Lockungen der Welt. Stärke mich schwaches Menschenkind, das so leicht strauchelt, dazu mit Kraft aus der Höhe. Herr, du weißt, wie wenig rechter Ernst und wie viel leichter Sinn noch in mir wohnt, wie Thorheit und Eitelkeit, Unlauterkeit und Trotz oft mächtig in mir sind. Lehre mich hinankommen zu dem rechten Mannesalter in Christo, gieb mir heiligen Ernst und beständigen Glauben, denn es ist ein köstlich Ding, daß das Herz fest werde, welches geschieht durch Gnade. Deine Gnade stärke mich, deine Gnade behüte mich und mache mir den heutigen Tag zu einem Tage des Segens für Zeit und Ewigkeit! Amen.

---

8. Am Geburtstag.

O Gott, Schöpfer und Erhalter meines Lebens; groß ist deine Barmherzigkeit und Treue, die mich heut abermals den Tag erleben läßt, an welchem ich das Licht dieser Welt erblickt habe. Bis hierher hast du mir geholfen, o mein Gott, wie kann ich all das Gute aufzählen, womit du mich von Kindesbeinen an so väterlich gesegnet hast, und dir würdig dafür danken? Ich will dich preisen, so lange ich lebe, und deinem Namen Lob sagen, so lange ich hier bin.

Mit dem heutigen Tage fängt ein neuer Abschnitt meines Lebens an. Ach Herr! Versenke alle Verschuldungen meiner bisherigen Jahre und Tage in das Meer der Vergangenheit. Gedenke nicht der Sünden meiner Jugend und meiner vielfachen Übertretungen; gedenke aber meiner nach deiner großen Barmherzigkeit um Jesu Christi willen. Hilf mir, mein Gott, wie ichs dir heute gelobe, mein Leben ferner ganz nach deinen Geboten einzurichten. Mein einziges Bestreben soll es sein, so zu denken, zu reden und zu handeln, wie es dir wohlgefällig ist. Allwissender Gott, du hörst mein Versprechen, du kennst aber auch meine Schwachheit und Gebrechlichkeit. Herr, ohne dich kann ich nichts Gutes vollbringen. Darum stärke mich durch deinen Geist, meine guten Vorsätze auszuführen. Verborgen ist es mir, welche Schicksale in diesem Jahre und in aller Zukunft meiner warten. Du allein weißt es, der alles, was mir begegnen soll, von Ewigkeit her beschlossen hat. Unter deiner gnädigen Aufsicht müssen alle Dinge zu meinem Besten dienen. Du wirst es gewiß wohl mit mir machen. Vater, dein Wille geschehe. Amen.

---

9. Auf der Reise.

Allgegenwärtiger Gott, du bist allen deinen Geschöpfen nahe; du umgiebst auch mich an allen Orten; ich gehe oder liege, so bist du um mich und siehest alle meine Wege. Herr, du bist meine Zuversicht und meine Zuflucht. Schütze mich vor allen Unfällen, die mich auf meiner Reise treffen könnten. Laß mich überall vor dir wandeln und fromm sein. Bewahre mich vor allen sündlichen Zerstreuungen und Genüssen, daß ich ein gutes und unverletztes Gewissen bewahren möge. Regiere mein Herz und Leben, daß ich nicht mutwillig wider dich sündige. Laß mich jede frohe Stunde, die du mir schenkest, im Aufsehen auf dich und in dankbarer Erinnerung deiner Liebe verleben. Leite alle meine Schritte und Tritte, segne all mein Thun und Lassen. Erinnere mich auf dieser Reise recht oft daran, daß mein ganzer irdischer Lauf eine Wallfahrt und Pilgerschaft sei, auf welcher mich jeder Tag dem Ziele der Ewigkeit näher bringt. Leite mich auf allen meinen Pfaden nach deinem Rat, und führe mich, wenn meine ganze irdische Pilgerreise sich endet, in das himmlische Vaterland. Amen.

---

10. Fürbitte für einen Reisenden.

Herr Gott, himmlischer Vater, der du dein Volk Israel gnädig geführt und geleitet hast durch die Wüste auf so langer Reise; der du viel tausend Engel aussendest zum Dienste derer, die ererben sollen die Seligkeit; wir bitten dich, du wollest auch unsern lieben N. N. in deinen gnädigen Schutz nehmen und ihn leiten und führen auf seiner Reise und deinen heiligen Engel ihm zum treuen Schutz und Schirm senden, daß kein Schaden noch Gefahr ihn treffen mag. Deine Hand ist gewaltig hier und an den Enden der Erde; in deine Hand befehlen wir ihn, so ist er wohl geborgen. Bewahre du ihm Leben und Gesundheit; gieb ihm Freudigkeit und Kraft in allen Mühseligkeiten; wache über allen seinen Wegen und sei ihm und uns allen gnädig und barmherzig! Amen.

F. Gebete für besondere Nöte.

1. In mancherlei Kreuz und Trübsal.

Mein Gott, du führest mich durch das dunkle Thal der Leiden, aber ich will mich nicht fürchten, denn du bist bei mir. Meine Seele ist stille zu dir, und deine Liebe sei mein Trost. Nach deinem weisen Rat geschieht es, daß wir auch durch Trübsale in dein Reich geführt werden, und du lässest uns nicht umkommen noch verderben, wenn wir Glauben halten. O so erhalte mich dir getreu! Wenn mich nichts mehr trösten kann, so sei du bei mir und erquicke die müde

Seele. Sei du meine Zuflucht, daß ich auch im Leiden deinen Namen preise. Will ich mutlos und verzagt werden, und dünkt mich die Last zu groß, die du mir auflegst, so ermutige mich durch den Aufblick auf Jesum, der dir gehorsam geworden ist bis zum Tode am Kreuz, der auch meine Last getragen hat. Laß mich mit ihm überwinden und auf die Stunde der Erlösung harren. Läutere mich durch das Feuer der Prüfung, daß ich vor dir bestehe in Treue und Wahrheit. Du wirst mich reichlich trösten, wenn ich mit Christo leide. Meinst du es doch gut mit mir, wenn du mich demütigst und mit deiner Hülfe zu verziehen scheinest. Du willst mich losreißen von der Liebe der Welt, von aller sündigen Lust, und meine Seele zu dir ziehen und heiligen. O so laß meine Trübsal dazu gesegnet sein; führe alles hinaus zum Preise deines weisen, väterlichen Rates. Sind doch die Leiden dieser Zeit nichts gegen die Herrlichkeit, die du einst an uns offenbaren willst. Laß mich geduldig ausharren in der Anfechtung und darin bewährt werden, damit ich die Krone des Lebens empfange, die du verheißen hast denen, die dich über alles lieben, und mit Freuden ernte, was ich mit Thränen gesäet habe. Amen.

---

2. Bei großem Ungewitter.

O du großer und schrecklicher Gott, dem Sturmwinde und Feuerflammen dienen müssen, der du auf den Wolken fährst wie auf einem Wagen und deinen Donner mit Hagel und Blitzen auslässest: wir armen Menschen müßten ja in einem Augenblick verderben, wenn du deine vernichtenden Strahlen auf uns gehen hießest. Denn die Erde bebt und wird bewegt, die Grundfesten der Berge regen sich und erzittern, wenn du zornig bist. Herr, wir sehen und hören deine große Macht und entsetzen uns vor dem erschrecklichen Rollen deines Donners. Ach gedenke nicht unserer Sünden und Missethaten, sondern sei uns gnädig um deines Sohnes Jesu Christi willen. Verfolge uns doch nicht mit deinem Wetter und zerschmettere uns nicht mit deinen Schlägen; bewahre uns Leib und Seele, Haus und Hof und die lieben Früchte des Feldes. Behüte uns vor grausamem Schrecken und einem bösen, schnellen Tode. Nimm von uns alle Kleinmütigkeit und ängstliche Furcht. Erhalte und stärke in uns den wahren Glauben, herzliche Bußfertigkeit, fröhliche Hoffnung und Geduld, damit wir bereit seien, wenn es dein Wille ist, aus diesem Leben selig abzuscheiden. Nimm uns, o Herr, unter den Schatten deiner Flügel, bis das Unwetter vorüber gehe, und behüte uns, daß wir die Donnerstimme deines grimmigen Zorns, womit du die Gottlosen einst in das ewige Feuer weisen wirst, in Ewigkeit nimmermehr hören müssen, sondern nimm uns auf in dein Reich, daß wir dich, Vater, Sohn und heiligen Geist, einigen wahren Gott, in Ewigkeit preisen mögen! Amen.

---

3. Nach dem Unwetter.

Allmächtiger Gott, der du gesagt hast: rufe mich an in der Not, so will ich dich erretten und du sollst mich preisen! Wir sagen dir von Grund unsers Herzens Lob und Dank, daß du unser Gebet gnädiglich erhöret und dies böse Wetter also hast vergehen lassen, daß uns dadurch an Leib und Gut kein Schade geschehen ist. Damit hast du abermal dein getreues Vaterherz zu erkennen gegeben, daß du nicht mit uns nach unsern Sünden handeln und uns nicht nach unserer Missethat vergelten willst.

Verleihe uns, barmherziger Vater, daß wir uns bei solchen deinen ernstlichen und väterlichen Warnungen beständig bessern, in deiner Furcht hinfort leben, und auf die Zukunft deines lieben Sohnes, da die Elemente vor Hitze schmelzen und die Erde und die Werke, die darinnen sind, verbrennen werden, uns gefaßt und bereit machen, damit wir ihm mit Freuden entgegengehen, und den neuen Himmel, in welchem Gerechtigkeit wohnen wird, mit Jauchzen und Frohlocken einnehmen und mit dir in deinem seligen Anschauen ewiglich besitzen mögen, durch denselbigen deinen lieben Sohn, Jesum Christum, unsern Herrn. Amen.

---

4. In Kriegszeiten.

1. Heiliger und barmherziger Gott, erzeige uns deine Gnade und hilf uns. Schwere Wetter steigen auf, Kriegsgeschrei ist rings um uns her. Ach daß wir unter dem Toben der Völker deine Stimme hörten und deinen Geist uns strafen ließen! Mit Langmut hast du uns geschont und Geduld mit uns gehabt, aber wir sind über deine Güte allzu sicher geworden, haben dein Wort vergessen, viel wider einander gemurret, aber wenig für einander gebetet, haben auf unsere Weisheit, unser Vermögen und Werk vertraut, statt allein auf dich unsere Hoffnung zu setzen. Aber nun kommen wir wieder zu dir, Herr unser Gott. Laß uns eins werden in Erkenntnis unserer Sünde, daß wir auch eins werden im Vertrauen auf deine Erbarmung. Deine Gnade sei unser Trost, dein Friede unsere Kampfesrüstung. Sei eine feurige Mauer um unser Vaterland her und erzeige dich herrlich darinnen. Wächst die Not, so mache die Liebe brennender, daß sie rastlos einhergehe und den Verwundeten und Kranken Pflege bringe, dem Armen und Hungernden Obdach und Speise. Knüpfe durch die Trübsal neue Liebesbande, führe uns durch Kampf und Sieg zu neuen Siegen deines Reichs und laß über unserm Vaterlande einen Frieden aufgehen, der deines Namens Ehre ist. Herr Gott, sei uns gnädig, erbarme dich über uns und erhöre unser Gebet um Jesu Christi willen. Amen.

---

2. Herr Gott Zebaoth, du starker und gewaltiger Gott, du züchtigest uns zu dieser Frist, wie wir wohl lange verdient haben, und hast dem Schwerte geboten: fahre durchs Land! Siehe, wir bekennen dirs, daß wir solcher Strafe wert sind, bitten dich aber demütiglich, du wollest doch gnädig und barmherzig sein und uns nicht gar verderben. Ach lieber Herr Gott, der du dein Angesicht von uns abgewendet und den Frieden von uns genommen hast: schaue doch wieder in Gnaden an dein armes Volk und wehre dem Feinde, der es dränget; o laß uns doch nicht also in Not und Trübsal, sondern gebiete deinen heiligen Engeln, daß sie sich lagern um die Deinen zum Schutz wider alle Bedrängnis und feindliche Gewalt. Erhöre unser Schreien, liebreicher Gott, und erbarme dich unser und des ganzen Landes; höre auf die Klagen der Witwen und armen Kindlein, der Armen und Elenden; mache des Kriegs und Mordens bald ein Ende und errette dein Volk aus der Hand seiner Widersacher. Ach barmherziger Gott, erhöre uns und gedenke nicht unserer Missethaten, deren so viele sind als des Sandes am Meere, gedenke aber unser nach deiner großen Barmherzigkeit um deiner Güte willen. Herr hilf uns, Herr errette uns, Herr sei uns gnädig um Jesu Christi, deines lieben Sohnes willen. Amen.

---

5. Bei Seuchen und in Sterbenszeiten.

Ach Herr Gott, gnädig und barmherzig, von großer Güte und Treue: wir erkennen deinen gerechten Zorn, welchen wir mit unseren Sünden wider uns erweckt haben. Ach schone unser, lieber Vater, um deines lieben Sohnes Jesu Christi willen. Strafe uns nicht in deinem Zorn und züchtige uns nicht in deinem Grimm. Ach Herr, sei uns gnädig nach deiner Güte und tilge unsre Sünde nach deiner großen Barmherzigkeit. Wende deine Plage von uns, daß wir nicht verschmachten von der Strafe deiner Hand. Wende dich, o Herr, und errette uns. Hilf uns um deiner Güte willen. Heile, Herr, alle Kranken und Schwachen. Sei bei ihnen in der Not, reiße sie heraus und zeige ihnen dein Heil. Nimm dich ihrer Seelen herzlich an und vergieb ihnen alle ihre Sünde. Lehre hierbei uns alle bedenken, daß wir sterben müssen, auf daß wir klug werden und mit Furcht und Zittern unsre Seligkeit schaffen. Laß uns, wenn unser Stündlein kommt, an deinem Worte festhalten, in Frieden hinfahren und den Tod nicht sehen ewiglich. Erhöre uns, erhöre unsre Bitte, Gott Vater, Sohn und heiliger Geist, hochgelobt in Ewigkeit. Amen.

Danach lies Psalm 90 und 91.

---

6. In teurer Zeit.

Herr Gott, himmlischer Vater, du siehst, daß jetzt schwere Zeiten sind in unserem Lande, und viel Sorge und Not um des täglichen Brots willen: so laß dich den Jammer der Armen und Hungernden erbarmen, und wende die Züchtigung, die wir ja wohl verdient haben, um deiner Barmherzigkeit willen von uns. Ach lieber Gott, wir hätten ja längst verschmachten und verderben müssen, wenn du mit uns hättest handeln wollen nach unseren Werken. Du aber bist gnädig und barmherzig gewesen, wirst dich auch künftighin also erweisen. Ach Herr, gieb es uns doch zu erkennen, daß du es bist, der uns heimsuchet mit dieser Strafe, damit wir unsere Herzen wieder zu dir kehren, damit wir lernen dich anrufen, auf dich schauen und dir allein vertrauen. Strafe uns nicht allzuschwer, sondern erbarme dich unser. Du wirst uns aushelfen aus aller Not, du wirst uns nicht verderben lassen. Du giebst ja den Raben ihre Speise, ihren Jungen, wenn sie zu dir schreien, und ernährest die Vögel unter dem Himmel. Du wirst auch noch Mittel und Wege haben, uns unser täglich Brot darzureichen mitten in dieser Teurung. Nun, du treuer Gott, so laß uns deine Gnade und Barmherzigkeit schmecken und sende uns Hülfe und Erlösung in dieser schweren Zeit, um deiner Liebe und Barmherzigkeit, um deines Namens Ehre willen. Amen.

G. Gebete für Kranke und Sterbende.

1. Sprüche aus Gottes Wort für Kranke.

Kurze Seufzer: Deine große herzliche Barmherzigkeit hält sich hart gegen mich (Jes. 63, 15.) Ach du Herr, wie lange? (Ps. 6, 4.) Ich elender Mensch, wer wird mich erlösen vom Leibe dieses Todes? (Röm. 7, 24.)

Demütigung vor Gott: Ach Herr, unsre Missethaten habens ja verdient. (Jerem. 14, 7.) So du willst, Herr, Sünde zurechnen, Herr, wer wird bestehen? (Psalm 130, 3.) Wir liegen vor dir mit unserm Gebet, nicht auf unsre Gerechtigkeit, sondern auf deine große Barmherzigkeit. (Dan. 9, 18.)

Trost des Glaubens: Das Blut Jesu Christi, des Sohnes Gottes, macht uns rein von aller Sünde. (1. Joh. 1, 7.) Alle Züchtigung, wenn sie da ist, dünket sie uns nicht Freude, sondern Traurigkeit zu sein, aber danach wird sie geben eine friedsame Frucht der Gerechtigkeit denen, die dadurch geübet sind. (Hebr. 12, 11.)

Selig ist der Mann, der die Anfechtung erduldet, denn nachdem er bewähret ist, wird er die Krone des Lebens empfangen, welche Gott verheißen hat denen, die ihn lieb haben. (Jacobi 1, 12.)

Die väterliche Stimme Gottes: Kann auch ein Weib ihres Kindleins vergessen, daß sie sich nicht erbarme über den Sohn ihres Leibes? Und ob sie desselben vergäße, so will ich doch dein nicht vergessen; siehe in meine Hände habe ich dich gezeichnet. (Jes. 49, 15. 16.) Ich will dich nicht verlassen noch versäumen. (Hebr. 13, 5.) Ich habe dich je und je geliebet, darum habe ich dich zu mir gezogen aus lauter Güte. (Jer. 31, 3.)

Die Gnadenstimme Jesu Christi: Wen da dürstet, der komme zu mir und trinke. Wer zu mir kommt, den werde ich nicht hinausstoßen. (Joh. 7, 37. 6, 37.) Laß dir an meiner Gnade genügen, denn meine Kraft ist in den Schwachen mächtig. (2. Cor. 12, 9.) Sei getreu bis an den Tod, so will ich dir die Krone des Lebens geben. (Offb. 2, 10.)

Auch können folgende Abschnitte der heiligen Schrift von dem Kranken gelesen oder demselben vorgelesen werden: 1. Petr. 5, 6—11. Psalm 130. 25. 42. 63, 2—9. 91. Klagel. 3, 22—42. Röm. 8, 18—27, 28—39. 1. Petr. 1, 3—9. Psalm 126. Offb. 7, 9—17.

---

2. Auf dem Krankenbette.

1. O Herr, himmlischer Vater, du bist ja ein getreuer Gott und lässest niemand versucht werden über sein Vermögen, sondern schaffest, daß die Versuchung so ein Ende gewinne, daß wir es können ertragen: ich bitte dich in meinen großen Nöten und Schmerzen, laß mir das Kreuz nicht zu schwer werden. Stärke mich, daß ich es mit Geduld ertragen möge und an deiner Barmherzigkeit nimmermehr verzagen. O Christe, des lebendigen Gottes Sohn, der du des Kreuzes Pein für mich gelitten hast und endlich für meine Sünden gestorben bist, zu dir rufe ich aus meines Herzens Grunde: erbarme dich über mich sündigen Menschen, vergieb mir alle meine Übertretungen, die ich in meinem ganzen Leben begangen habe. Erhalte mich im wahren Glauben bis an mein Ende. O Gott, heiliger Geist, du wahrer Tröster in aller Not, erhalte mich in der Geduld und herzlichen Anrufung Gottes, heilige mich mit wahrer Zuversicht und weiche nicht von mir in meiner letzten Not. Amen.

---

2. Allmächtiger Gott, himmlischer Vater, weil du uns geboten hast und gesprochen: „Rufe mich an in der Not, so will ich dich erretten und du sollst mich preisen“, deswegen schreie ich zu dir in dieser meiner großen Not, durch Jesum Christum, deinen lieben Sohn, und bitte dich, du wollest mich armen, sündhaften Menschen nicht verlassen. So nun diese meine Krankheit nicht zum Tode ist, so hilf mir auf, daß ich genese, um deiner Barmherzigkeit willen, auf daß ich deine Macht und Kraft an mir erfahre und verkündige. Wo es mir aber nützlicher ist, zeitig zu sterben, denn allhier in diesem elenden Leben zu bleiben, so geschehe, Herr, dein göttlicher Wille! Verleihe mir nur Gnade, daß ich mich in deinen Willen, der allezeit der beste ist, gänzlich ergebe. Erhalte mich fest im christlichen Glauben und wahrer Erkenntnis bis an mein Ende. Laß mich von dir nimmermehr abgeschieden werden, sondern nimm meine Seele zu dir in dein Reich, durch Jesum Christum, deinen lieben Sohn, unsern Herrn. Amen.

---

3. Mein Gott, es hat dir nach deinem heiligen Rat und Willen gefallen, mich auf dieses Krankenbett zu legen, und dadurch nicht allein von meinen Geschäften, meinen Sünden und bösen Gewohnheiten abzuschneiden, sondern mich auch an meinen Tod zu erinnern, mich aufmerksam zu machen, daß ich ein sterblicher Mensch sei. Siehe, meine Tage sind eine Handbreit bei dir, und mein Leben ist wie nichts vor dir: ach wie gar nichts sind alle Menschen, die doch so sicher leben! Ich weiß auch, daß dem Menschen gesetzt ist, einmal zu sterben, danach das Gericht; doch vergesse ichs nur zu leicht wieder.

Darum bitte ich dich: Ach Herr, lehre mich doch, daß es ein Ende mit mir haben muß und mein Leben ein Ziel hat und ich davon muß. Ich weiß auch, daß ich alles muß verlassen, meine Habe, Gut, Ehre, Glück und was ich in der Welt besitze. Ich habe hier keine bleibende Stätte, sondern die zukünftige suche ich. Daran möge mich meine Krankheit erinnern, damit ich mich mit Gebet, mit Buße und Glauben, mit wahrer Prüfung meines bisherigen Lebens, zum seligen Sterben bereiten, und also von Welt und Sünden abgezogen und mein Leben, Geist und Seele dir geheiligt werde. Siehe, mein Gott, hie bin ich, nimm meine Seele hin; aber bereite mich zuvor recht in der Zeit, daß, wenn ich sterbe, ich möge in deiner Gnade und selig sterben. Amen.

---

3. Morgengebet eines Kranken.

Heiliger Gott, Vater, Sohn und Geist, ich komme jetzt, da der Tag angebrochen, vor deinen Thron und danke dir, daß du mich diesen Tag wieder hast erleben lassen. Du weißt, Herr, wie ich die Nacht auf meinem Krankenbett zugebracht habe. Ich kann nicht genug deine Güte preisen, daß du das Licht der Sonne mich wieder sehen lässest. Die Sonne geht wieder auf, Herr, mein Gott, laß auch deine Gnade neu über mich aufgehn. Gieb mir mit diesem Tage neue Kräfte und neue Geduld, mein Leiden willig zu tragen. Es hat dir gefallen, Herr, mich auf dies Krankenbett zu legen: wohlan, ich will darauf bleiben, so lange es dir gefällt. Du willst mich dadurch in die Stille führen, damit du allein mit mir reden und mich unterweisen mögest, wie ich für meine Seele sorgen soll. Nun habe ich Zeit, mein bisher geführtes Leben zu untersuchen: ob ich dir gedient, dich geehrt, dir gehorcht habe. Gieb, wenn ich solches verneinen muß, daß ich mich von Herzen darüber betrübe und wahre Buße thue, auch mit dir einen neuen Bund mache und also mit Furcht und Zittern schaffe selig zu werden. Gieb, daß ich, o Jesu, den ganzen Tag möge mein Herz bei dir haben, eifrig beten, an deine Leiden, Wunden und Tod gedenken und das wahre Heil meiner Seele betrachten. Gieb mir einen schönen Trostspruch nach dem andern in mein Herz, der deiner Liebe mich versichere, deine Gnade mir versiegele und deiner Hülfe mich vergewissere. Erquicke mich in meiner Mattigkeit und stärke mich durch deinen heiligen Geist in meiner Schwachheit. Bewahre mich vor neuen Schmerzen, traurigen Stunden, erschreckenden Zufällen; willst du mich aber Leiden empfinden lassen, so weiche nicht von mir. Hilf mir den Tag glücklich und selig vollenden und alles mit Gelassenheit und stillem Mut annehmen, was du mir auflegest. Siehe, mein Gott, hier bin ich, mache es mit mir, wie dir es wohlgefällt. Du bist mein Vater, ich bin dein Kind. Ich will deine Güte rühmen und deine Barmherzigkeit preisen über alles, was du an mir gethan hast. Amen.

---

4. Abendgebet eines Kranken.

Ach du barmherziger Gott, ich habe nun wieder einen Tag überlebt. Herr, du hast nach deiner Güte bis auf diese Stunde mir mein Leben gefristet, dafür sei deiner Vatertreue herzlich Lob und Dank gesagt. Besonders preise ich deinen Namen, daß du diesen Tag meine Schmerzen und Krankheit mir hast tragen helfen. Ja, Herr, du legst eine Last auf, aber du hilfst uns auch. Der Herr hört das Schreien der Elenden und verweigert ihnen nicht, um was ihr Mund bittet. Ach großer Gott, die Nacht bricht herein, bleibe bei mir und weiche diese Nacht nicht von mir. O heilige Dreieinigkeit, ich lobe dich in Ewigkeit. Wende diese Nacht von mir ab alle gefährlichen und plötzlichen Zufälle; lindre meine Schmerzen; bewahre mich vor Schrecken, Angst und Unglück. Ach bleibe, himmlischer Vater, bei deinem kranken Kinde. Der Herr ist mein Licht und mein Heil, vor wem sollte ich mich fürchten? Der Herr ist meines Lebens Kraft, vor wem sollte mir grauen? O Jesu, die Sonne ist gewichen, du, o Sonne der Gerechtigkeit, weiche nicht von mir. O du werter, heiliger Geist, Tröster der Betrübten und Beistand der Elenden, bleibe bei mir, stärke mich und erhalte mich in wahrem Glauben und christlicher Geduld. Heilige Dreieinigkeit, nimm mich auf in deinen Schutz. Der Herr segne mich und behüte mich mit all den Meinen und samt allen Betrübten und Leidenden; der Herr lasse sein Angesicht leuchten über uns und sei uns gnädig, der Herr erhebe sein Angesicht über uns und gebe uns Frieden. Und soll ja diese Nacht die letzte sein in diesem Jammerthal, so nimm mich, Herr, in Himmel ein, in deinen Freudensaal. Amen.

---

5. Dankgebet nach der Genesung.

Herr, mein Gott, mein Trost, mein Erretter, dir danke ich von Grund meines Herzens für deine vielfachen Wohlthaten, die du mir armen Sünder erzeiget hast, sonderlich aber, daß du in meiner letzten Krankheit und Not mich gnädig angesehen, mein Herz gestärkt, mein Gebet erhört und mir so väterlich wieder aufgeholfen hast. Um Trost war mir sehr bange, aber du hast dich meiner Seele herzlich angenommen; wie soll ich dir vergelten alle deine Wohlthat? Ich will dir danken mein Lebelang und deinen Ruhm verkündigen für und für. Ach wie gut ist es mir, daß du mich gedemütigt hast. Du hast, o lieber Vater, mich gezüchtigt, damit ich nicht mit der gottlosen Welt verdammt werde. Ach mein Gott, verleihe mir eine herzliche, beständige Buße durch die Kraft deines heiligen Geistes um Jesu Christi willen, damit ich hinfort nicht mehr sündige, auf daß mir nicht etwas Ärgeres widerfahre, sondern daß ich mich mein Lebelang vor solcher Betrübnis meiner Seele hüte. Beschütze mich auch hinfort durch deine heiligen Engel, daß sie mich behüten auf allen meinen Wegen. Und dieweil ich doch endlich dieses zeitliche Leben werde lassen müssen, so erhalte und vermehre in mir den wahren, seligmachenden Glauben, Gottesfurcht, Geduld und Trost, damit ich ritterlich kämpfen, selig überwinden und fröhlich in dein himmlisches Reich eingehen möge, dich, Vater, Sohn und heiliger Geist, wie hier zeitlich, so dort ewiglich zu rühmen und zu preisen. Amen.

---

6. Auf dem Sterbelager.

Du frommer und getreuer Gott und Vater unseres lieben Herrn Jesu Christi, ich bitte dich von Herzen, du wollest mich in meiner Not nicht verlassen, sondern mit dem Licht deiner wahren Erkenntnis erleuchten, daß ich in demselben aus dieser Finsternis zu dir, dem ewigen Licht, möge wandeln. O Herr, sei du bei mir, wenn ich sterben soll; stehe du mir zu meiner rechten Hand, wenn ich soll meinen Geist aufgeben; errette mich aus der Hand des Feindes, tröste und stärke mich, erhalte mich in deiner Erkenntnis und festem, starken Vertrauen auf deine große Gnade und Barmherzigkeit. Ach Herr Gott, laß das letzte

Wort deines lieben Sohnes am Stamme des Kreuzes auch mein letztes Wort sein, daß ich mit starkem und gläubigem Vertrauen im Herzen darf sagen: Vater, in deine Hände befehle ich meinen Geist; denn du hast mich erlöset, du getreuer Gott. Und wenn ich aus Schwachheit und Größe meiner Krankheit solches mit dem Munde nicht könnte ausreden, so laß doch mein Herz also in der Stille zu dir rufen und seufzen. Amen.

---

7. In Todesnöten.

Ewiger Gott, du barmherziger und getreuer Vater, siehe, ich stehe nun vor der Pforte der Ewigkeit. In wenig Stunden oder Augenblicken bin ich vielleicht schon aus dieser sichtbaren Welt geschieden. Ach verlasse mich doch nicht in diesem schweren Durchgang auf dem Wege zu dir. Ach Jesu, du Sohn Davids, erbarme dich mein! Ach du Lamm Gottes, das der Welt Sünde trägt, sei mir gnädig und gieb mir deinen Frieden! Ach thue mir auf die Thür der Gnaden! Ach schließ auf dein Paradies und nimm mich aus Gnaden ein, wie den bekehrten Schächer, denn du hast die Schlüssel der Hölle und des Todes.

Ach löse du, o mein Erlöser, alle Bande meiner Sünden auf, daß ich ritterlich ringe und mit dir frei und getrost eindringe durch den Tod ins Leben. Ich weiß sonst keinen Rat noch Zuflucht im Himmel und auf Erden, als deine lautere Gnade, o Gott, mein Erlöser. Auf diese laß mich allein leben und sterben in ernster Buße. Ja, laß mich an dich, o Jesu, glauben, damit ich den Tod nicht sehe ewiglich. Amen.

---

8. Fürbitte für den Sterbenden.

O gütiger, barmherziger Vater, du bist unsere Zuflucht, unsere Stärke und unsere Hülfe in unseren Nöten. Laß leuchten dein heiliges Angesicht über deinen Knecht (Magd), der (die) jetzt vor dir erscheinen soll. Wasche ab alle seine Sünden, o Herr Gott, mit dem teuren Blut Jesu Christi, auf daß ihrer im Gericht nimmermehr gedacht werde; wahre ihm den Glauben, errette seine Seele aus der Gewalt des Teufels; tröste ihn durch deinen heiligen Geist, und gieb ihm in dieser Stunde zu erkennen, daß du sein gütiger, barmherziger Vater, und daß er aus lauter Gnaden dein liebes Kind sei; laß den nicht verloren werden, den du mit deinem heiligen Blut so teuer erkauft hast. Nimm seine Seele auf in das himmlische Paradies, wie du die Seele des Schächers am Kreuz hast aufgenommen. Laß seine Seele von den lieben Engeln getragen werden, wie die Seele des armen

Lazarus, und verleihe ihm eine fröhliche Auferstehung am jüngsten Tage. Erhöre uns, o Vater aller Gnaden, an seiner Statt. Erhöre deinen Sohn, unsern einigen Heiland und Mittler, der zu deiner Rechten sitzt und für ihn und uns alle bittet, und sei uns gnädig um des Verdienstes seines heiligen Leidens und Sterbens willen. In solchem Vertrauen befehlen wir seine Seele in deine väterliche Huld. Amen.

---

9. Kurze Seufzer und Gebete, dem Sterbenden vorzusprechen.

1. Ach barmherziger, gütiger Gott, hilf mir in meinem Leiden und in meiner Todesstunde; o mein Gott, du bist ja allezeit mein gnädiger Gott und mein Beistand gewesen, ach bleibe es auch jetzt. O Jesu, bleibe bei mir, es will Abend werden, und der Tag meines Lebens hat sich geneiget. O werter, heiliger Geist, stärke mich, erhalte mich in festem Glauben bis an mein Ende, erleuchte mich zum ewigen Leben. Ich will auf Jesu Blut und Wunden sterben: dem lebe ich, dem sterbe ich, auf sein Verdienst verlasse ich mich. Amen.

---

2. Wie der Hirsch schreiet nach frischem Wasser, so schreiet meine Seele, Gott, zu dir; meine Seele dürstet nach Gott, nach dem lebendigen Gott; wann werde ich dahin kommen, daß ich Gottes Angesicht schaue? Jesu, du Licht meiner Seelen, wenn meine Augen wollen dunkel werden, so laß in meiner Seele aufgehen die himmlische Klarheit; weich nicht von mir, wenn meine Augen brechen; zeige mir alsdann deine Gestalt und laß mich sehen dein Bild, wie du dich am Kreuz zu Tode geblutet hast. Ob ich schon wandle im finstern Thal, fürchte ich kein Unglück, denn mein Jesus ist bei mir. Ja, mein Jesu, bleibe bei mir, stärke mich im Glauben und laß mich dein Eigentum sein hier zeitlich und dort ewig. Amen.

---

3. Dennoch bleibe ich stets an dir, denn du hältst mich bei meiner rechten Hand, du leitest mich nach deinem Rat und nimmst mich endlich mit Ehren an.

Durch deinen Todeskampf und blutigen Schweiß hilf mir, lieber Herr; ich weiche nicht von dir, ach bleibe du auch bei mir. Jesu, wenn mein Kampf angeht, so hilf mir ringen, so hilf mir siegen und überwinden; wenn die Angst meines Herzens groß wird, so führe mich aus meinen Nöten. Ich bin ja dein Eigentum, darum führe mich durch alle Angst hindurch zur Freude, zur Wonne, zur Herrlichkeit. Bist du mir mit, so fürchte ich mich nicht, so bin ich selig, so werde ich zur Freude eingehen. Amen.

---

10. Sprüche, dem Sterbenden vorzusprechen.

Ob ich schon wanderte im finstern Thal, fürchte ich kein Unglück, denn du bist bei mir, dein Stecken und Stab trösten mich. Psalm 23, 4.

Christus ist mein Leben, und Sterben ist mein Gewinn. Phil. 1, 21.

Fürchte dich nicht, denn ich habe dich erlöset, ich habe dich bei deinem Namen gerufen, du bist mein. Jes. 43, 1.

Der Herr wird dich erlösen von allem Übel und dir aushelfen zu seinem himmlischen Reiche; welchem sei Ehre von Ewigkeit zu Ewigkeit. Amen. 2. Tim. 4, 18.

Herr, ich warte auf dein Heil. 1. Mose 49, 18.

In der Welt habt ihr Angst, aber seid getrost, ich habe die Welt überwunden. Joh. 16, 33.

Verlaß mich nicht, Herr mein Gott, sei nicht ferne von mir. Eile mir beizustehen, Herr meine Hülfe. Psalm 38, 22. 23.

Wir haben einen Gott, der da hilft, und den Herrn, der vom Tode errettet. Psalm 68, 21.

Vater, in deine Hände befehle ich meinen Geist, du hast mich erlöset, Herr, du treuer Gott. Psalm 31, 6.

Herr Jesu, nimm meinen Geist auf. Ap.-Gesch. 7, 58.

---

11. Gebet, wenn der Kranke verschieden ist.

Herr, allmächtiger Gott und Vater, verleih diesem unserm entschlafenen N. N. um deines lieben Sohnes Jesu Christi willen die ewige Freude und Ruhe, laß ihm leuchten dein ewiges Licht und nimm ihn auf zur Schar deiner Heiligen und Seligen und aller gläubigen Christen; erwecke ihn auch am jüngsten Tage und gieb ihm die ewige Herrlichkeit um deines Namens willen. Tröste du, o Gott, alle durch diesen Tod Betrübten. Laß uns alle an diesem Tode lernen, daß wir auch einmal also sterben müssen, damit wir uns in Zeiten durch Buße, Glauben und Vermeidung aller Sünde und Eitelkeit der Welt dazu bereiten mögen. Erhöre uns, Herr unser Gott, und zieh uns alle durch treuen Kampf in dein Himmelreich, wo du der Deinen Gott bist ewiglich. Amen.

---

12. Kranken- und Sterbetrost aus Bibel und Gesangbuch.

1. Vom Segen des Leidens.

Röm. 5, 1—5. 2. Cor. 4, 7—18. Jac. 1, 2—12. Hebr. 12, 5—11.
Lieder: Nr. 406. 423. 427. 438.

2. Vom Vertrauen auf Gott und des Gebetes Kraft.

Psalm 6. 23. 25. 39. 71. 77. 90. 91. 116. Jes. 38.
2. Kön. 20, 1—11. Hiskias Krankheit und Gebet.
Luc. 11, 1—13. Anhalten im Gebet.
Luc. 18, 1—8. desgl.
Lieder: Nr. 36. 414. 416. 422. 444. 456.

3. Vom Trost und der Hülfe des Herrn.

Matth. 8, 1—13. Der Hauptmann.
Matth. 9, 27—33. Der Blinde.
Luc. 10, 23—37. Der barmherzige Samariter.
Joh. 5, 1—16. Der 38jährige Kranke.
Lieder: Nr. 119. 120. 371. 411. 450.

4. Christus der Sünderfreund.

Matth. 9, 1—8. Der Gichtbrüchige.
Luc. 7, 36—50. Die Sünderin.
Luc. 15. Das verlorene Schaf 2c.
Luc. 23, 39—43. Der Schächer.
Jes. 53. Das Lamm Gottes.
Lieder: Nr. 132. 268. 287. 297. 299. 302. 383.

5. Von der Geduld und Ergebung im Leiden.

Matth. 11, 28—30. Klagel. 3, 17—33. Matth. 26. 27. Marc. 14. 15. Luc. 22. 23. Joh. 17. 18. 19.
Lieder: Nr. 110. 117. 122. 129. 425. 448. 452. 457. 468.

6. Sehnsucht nach oben.

2. Cor. 5, 1—10. Phil. 3, 12—21.
Lieder: Nr. 339. 563. 568. 569. 575. 588. 595.

7. In tiefster Angst und Not.

Psalm 6. 22. 42. 88. 130.
Lieder: Nr. 122, v. 9. 283. 435. 576.

8. Trost der Auferstehung.

Hiob 19, 1—29. Ich weiß, daß mein Erlöser 2c.
Matth. 9, 18—26. Jairi Töchterlein.
Luc. 7, 11—16. Jüngling zu Nain.
Joh. 11. Lazarus.
1. Cor. 15. Joh. 5, 24—29. 1. Thess. 4, 13—18.
Lieder: Nr. 147. 614.

9. Bereitung aufs Sterben.

Joh. 14. 15. 16. 17. Psalm 39. Psalm 90.
Lieder: 560. 561. 592. 596. 597.

10. Vom ewigen Leben.

Jes. 35. Offb. 7, 9—17; 21. 22.
Lieder: 615. 619. 620. 622. 625.

II.

Verzeichnis der Episteln und Evangelien an Sonn- und Festtagen.

Am 1. Sonntage des Advents.

Epist. Röm. 13 v. 11 bis 14.
Evang. Matth. 21 v. 1 bis 9.

Am 2. Sonntage des Advents.

Epist. Röm. 15 v. 4 bis 13.
Evang. Luc. 21 v. 25 bis 36.

Am 3. Sonntage des Advents.

Epist. 1. Cor. 4 v. 1 bis 5.
Evang. Matth. 11 v. 2 bis 10.

Am 4. Sonntage des Advents.

Epist. Philipp. 4 v. 4 bis 7.
Evang. Joh. 1 v. 19 bis 28.

Am heiligen Christtage.

Epist. Tit. 2 v. 11 bis 14. Oder Jes. 9 v. 2 bis 7.
Evang. Luc. 2 v. 1 bis 14.

Am 2. Weihnachts-Feiertage oder am Tage St. Stephanus, des Märtyrers.

Epist. Tit. 3 v. 4 bis 7.
Evang. Luc. 2 v. 15 bis 20. Oder
Epist. Apost. 6 v. 8 bis 15 und 7 v. 55 bis 59.
Evang. Matth. 23 v. 34 bis 39.

Am 3. Weihnachts-Feiertage oder am Tage St. Johannis, des Apostels.

Epist. Ebr. 1 v. 1 bis 12.
Evang. Joh. 1 v. 1 bis 14. Oder
Epist. 1. Joh. 1.
Evang. Joh. 21 v. 20 bis 24.

Am Sonntage nach d. Christtage.

Epist. Gal. 4 v. 1 bis 7.
Evang. Luc. 2 v. 33 bis 40.

Am Neujahrstage.

Epist. Gal. 3 v. 23 bis 29.
Evang. Luc. 2 v. 21.

Am Sonntage nach dem neuen Jahr.

Epist. 1. Petr. 4 v. 12 bis 19.
Evang. Matth. 2 v. 13 bis 23.

Am Tage der Erscheinung Christi oder Epiphanias.

Epist. Jes. 60 v. 1 bis 6.
Evang. Matth. 2 v. 1 bis 12. Oder Matth. 3 v. 13 bis 17.

Am 1. Sonntage nach Epiphan.

Epist. Röm. 12 v. 1 bis 6.
Evang. Luc. 2 v. 41 bis 52.

Am 2. Sonntage nach Epiphan.
Epist. Röm. 12 v. 7 bis 16.
Evang. Joh. 2 v. 1 bis 11.

Am 3. Sonntage nach Epiphan.
Epist. Röm. 12 v. 17 bis 21.
Evang. Matth. 8 v. 1 bis 13.

Am 4. Sonntage nach Epiphan.
Epist. Röm. 13 v. 8 bis 10.
Evang. Matth. 8 v. 23 bis 27.

Am 5. Sonntage nach Epiphan.
Epist. Col. 3 v. 12 bis 17.
Evang. Matth. 13 v. 24 bis 30.

Am 6. Sonntage nach Epiphan.
Epist. 2. Petr. 1 v. 16 bis 20.
Evang. Matth. 17 v. 1 bis 9.

Am Sonntage Septuagesimä.
Epist. 1. Cor. 9 v. 24 bis Kap. 10 v. 5.
Evang. Matth. 20 v. 1 bis 16.

Am Sonntage Sexagesimä.
Epist. 2. Cor. 11 v. 19 bis Kap. 12 v. 10.
Evang. Luc. 8 v. 4 bis 15.

Am Sonntage vor der Fasten, Quinquagesimä oder Estomihi.
Epist. 1. Cor. 13 ganz.
Evang. Luc. 18 v. 31 bis 43.

Am 1. Sonntage in der Fasten, Invocavit.
Epist 2. Cor. 6 v. 1 bis 10.
Evang. Matth. 4 v. 1 bis 11. Oder Joh. 17 ganz.

Am 2. Sonntage in der Fasten, Reminiscere.
Epist. 1. Theff. 4 v. 1 bis 8.
Evang. Matth. 15 v. 21 bis 28.

Am 3. Sonntage in der Fasten, Oculi.
Epist. Eph. 5 v. 1 bis 9.
Evang. Luc. 11 v. 14 bis 28.

Am 4. Sonntage in der Fasten, Lätare.
Epist. Gal. 4 v. 21 bis 31.
Evang. Joh. 6 v. 1 bis 15.

Am 5. Sonntage in der Fasten, Judica.
Epist. Ebr. 9 v. 11 bis 15.
Evang. Joh. 8 v. 46 bis 59.

Am 6. Sonntage in der Fasten, Palmarum.
Epist. Phil. 2 v. 5 bis 11.
Evang. Matth. 21 v. 1 bis 9.

Am grünen Donnerstage.
Epist. 1. Cor. 11 v. 23 bis 32. Oder 2 Mos. 12 v. 1 bis 13.
Evang. Joh. 13 v. 1 bis 17.

Am Karfreitage.
Jes. 53 ganz, oder Ps. 22.
Die Leidensgeschichte.

Am heiligen Ostertage.
Epist. 1. Cor. 5 v. 6 bis 8. Oder 1. Cor. 15 v. 1 bis 20.
Evang. Marc. 16 v. 1 bis 8.

Am Ostermontage.
Epist. Apost. 10 v. 34 bis 41.
Evang. Luc. 24 v. 13 bis 35.

Am Osterdienstage.
Epist. Apost. 13 v. 26 bis 33.
Evang. Luc. 24 v. 36 bis 48.

Am 1. Sonntage nach Ostern, Quasimodogeniti.
Epist. 1. Joh. 5 v. 4 bis 12.
Evang. Joh. 20 v. 19 bis 29.

Am 2. Sonntage nach Ostern, Misericordias Domini.
Epist. 1. Petr. 2 v. 21 bis 25.
Evang. Joh. 10 v. 12 bis 16.

Am 3. Sonntage nach Ostern, Jubilate.

Epist. 1. Petr. 2 v. 11 bis 20.
Evang. Joh. 16 v. 16 bis 23.

Am 4. Sonntage nach Ostern, Cantate.

Epist. Jac. 1 v. 16 bis 21.
Evang. Joh. 16 v. 5 bis 15.

Am 5. Sonntage nach Ostern, Rogate oder Vocem Jucunditatis.

Epist. Jac. 1 v. 22 bis 27.
Evang. Joh. 16 v. 23 bis 30.

Am Tage der Himmelfahrt Christi.

Epist. Apost. 1 v. 1 bis 11.
Evang. Marc. 16 v. 14 bis 20.

Am Sonntage nach der Himmelfahrt Christi, Exaudi.

Epist. 1. Petr. 4 v. 8 bis 11.
Evang. Joh. 15 v. 26 bis Kap. 16 v. 4.

Am heiligen Pfingsttage.

Epist. Apost. 2 v. 1 bis 13.
Evang. Joh. 14 v. 23 bis 31.

Am Pfingstmontage.

Epist. Apost. 10 v. 42 bis 48.
Evang. Joh. 3 v. 16 bis 21.

Am Pfingstdienstage.

Epist. Apost. 8 v. 14 bis 17. Oder Apost. 2 v. 29 bis 36.
Evang. Joh. 10 v. 1 bis 11.

Am Sonntage Trinitatis.

Epist. Röm. 11 v. 33 bis 36.
Evang. Joh. 3 v. 1 bis 15.

Am 1. Sonntage nach Trinitat.

Epist. 1. Joh. 4 v. 16 bis 21.
Evang. Luc. 16 v. 19 bis 31.

Am 2. Sonntage nach Trinitat.

Epist. 1. Joh. 3 v. 13 bis 18.
Evang. Luc. 14 v. 16 bis 24.

Am 3. Sonntage nach Trinitat.

Epist. 1. Petr. 5 v. 6 bis 11.
Evang. Luc. 15 v. 1 bis 10.

Am 4. Sonntage nach Trinitat.

Epist. Röm. 8 v. 18 bis 23.
Evang. Luc. 6 v. 36 bis 42.

Am 5. Sonntage nach Trinitat.

Epist. 1. Petr. 3 v. 8 bis 15.
Evang. Luc. 5 v. 1 bis 11.

Am 6. Sonntage nach Trinitat.

Epist. Röm. 6 v. 3 bis 11.
Evang. Matth. 5 v. 20 bis 26.

Am 7. Sonntage nach Trinitat.

Epist. Röm. 6 v. 19 bis 23.
Evang. Marc. 8 v. 1 bis 9.

Am 8. Sonntage nach Trinitat.

Epist. Röm. 8 v. 12 bis 17.
Evang. Matth. 7 v. 15 bis 23.

Am 9. Sonntage nach Trinitat.

Epist. 1. Cor. 10 v. 1 bis 13.
Evang. Luc. 16 v. 1 bis 9.

Am 10. Sonntage nach Trinit.

Epist. 1. Cor. 12 v. 1 bis 11.
Evang. Luc. 19 v. 41 bis 48.

Am 11. Sonntage nach Trinit.

Epist. 1. Cor. 15 v. 1 bis 10.
Evang. Luc. 18 v. 9 bis 14.

Am 12. Sonntage nach Trinit.

Epist. 2. Cor. 3 v. 4 bis 11.
Evang. Marci 7 v. 31 bis 37.

Am 13. Sonntage nach Trinit.

Epist. Gal. 3 v. 15 bis 22. Oder Jac. 3 v. 1 bis 12.
Evang. Luc. 10 v. 23 bis 37.

Am 14. Sonntage nach Trinit.
Epist. Gal. 5 v. 16 bis 24.
Evang. Luc. 17 v. 11 bis 19.

Am 15. Sonntage nach Trinit.
Epist. Gal. 5 v. 25 bis Kap. 6 v. 10.
Evang. Matth. 6 v. 24 bis 34.

Am 16. Sonntage nach Trinit.
Epist. Eph. 3 v. 13 bis 21.
Evang. Luc. 7 v. 11 bis 17.

Am 17. Sonntage nach Trinit.
Epist. Eph. 4 v. 1 bis 6.
Evang. Luc. 14 v. 1 bis 11.

Am 18. Sonntage nach Trinit.
Epist. 1. Cor. 1 v. 4 bis 9.
Evang. Matth. 22 v. 34 bis 46.

Am 19. Sonntage nach Trinit.
Epist. Eph. 4 v. 22 bis 30.
Evang. Matth. 9 v. 1 bis 8.

Am 20. Sonntage nach Trinit.
Epist. Eph. 5 v. 15 bis 21.
Evang. Matth. 22 v. 1 bis 14.

Am 21. Sonntage nach Trinit.
Epist. Eph. 6 v. 10 bis 17.
Evang. Joh. 4 v. 47 bis 54.

Am 22. Sonntage nach Trinit.
Epist. Phil. 1 v. 3 bis 11.
Evang. Matth. 18 v. 21 bis 35.

Am 23. Sonntage nach Trinit.
Epist. Phil. 3 v. 17 bis 21.
Evang. Matth. 22 v. 15 bis 22.

Am 24. Sonntage nach Trinit.
Epist. Col. 1 v. 9 bis 14.
Evang. Matth. 9 v. 18 bis 26.

Am 25. Sonntage nach Trinit.
Epist. 1. Thess. 4 v. 13 bis 18.
Evang. Matth. 24 v. 15 bis 28.
Oder Luc. 13 v. 1 bis 9.

Am 26. Sonntage nach Trinit.
Epist. 2. Thess. 1 v. 3 bis 10.
Evang. Matth. 25 v. 31 bis 46.

Am 27. Sonntage nach Trinit.
Epist. 1. Thess. 5 v. 1 bis 11.
Evang. Matth. 25 v. 1 bis 13.
Oder Matth. 24 v. 37 bis 51.

Episteln und Evangelien der Aposteltage und etlicher anderer Feste, die an einigen Orten gefeiert werden.

Am S. Andreas-Tage.
Epist. Röm. 10 v. 8 bis 18.
Evang. Matth. 4 v. 18 bis 22.

Am S. Thomas-Tage.
Epist. Eph. 1 v. 3 bis 6.
Evang. Joh. 20 v. 24 bis 31.

Am Tage S. Pauli Bekehrung.
Epist. Apost. 9 v. 1 bis 22.
Evang. Matth. 19 v. 27 bis 30.

Am Tage Mariä Reinigung.
Epist. Maleach. 3 v. 1 bis 5.
Evang. Luc. 2 v. 22 bis 40.

Am S. Matthias-Tage.
Epist. Apost. 1 v. 15 bis 26.
Evang. Matth. 11 v. 25 bis 30.

Am Tage Mariä Verkündigung.
Epist. Jes. 7 v. 1 bis 16.
Evang. Luc. 1 v. 26 bis 38.

Am Tage S. Philippi und S. Jacobi.
Epist. Eph. 2 v. 19 bis 22.
Evang. Joh. 14 v. 1 bis 14.

Am Tage Johannis des Täufers.
Epist. Jes. 40 v. 1 bis 8.
Evang. Luc. 1 v. 57 bis 80.

Am Tage S. Petri u. S. Pauli.
Epist. Apost. 12 v. 1 bis 11.
Evang. Matth. 16 v. 13 bis 20.

Am Tage Mariä Heimsuchung.
Epist. Jes. 11 v. 1 bis 5.
Evang. Luc. 1 v. 39 bis 56.

Am Tage S. Jacobi.
Epist. Röm. 8 v. 28 bis 39.
Evang. Matth. 20 v. 20 bis 23.

Am Tage S. Bartholomäi.
Epist. 2. Cor. 4 v. 5 bis 10.
Evang. Luc. 22 v. 24 bis 30.

Am Tage S. Matthäi.
Epist. Eph. 4 v. 7 bis 14.
Evang. Matth. 9 v. 9 bis 13.

Am Tage Michaelis.
Epist. Offenb. Joh. 12 v. 7 bis 12.
Evang. Matth. 18 v. 1 bis 11.

Am Tage S. Simons und S. Judas.
Epist. 1. Petr. 1 v. 3 bis 9.
Evang. Joh. 15 v. 17 bis 21.

Am Gedächtnistage der Reformation.
Epist. Gal. 5 v. 1 bis 15. Oder Offenb. Joh. 14 v. 6. 7.
Evang. Matth. 11 v. 12 bis 15.

Am Tage der Kirchweihung.
Epist. Offenb. Joh. 21 v. 1 bis 5.
Evang. Luc. 19 v. 1 bis 10.

III.

Die Geschichte des Leidens und Sterbens unsers Herrn und Heilandes Jesu Christi

nach den vier Evangelisten.

1. Eingang.

Es versammelten die Hohenpriester und die Pharisäer einen Rat wider Jesus, und sprachen: Was thun wir? Dieser Mensch thut viel Zeichen. Lassen wir ihn also, so werden sie alle an ihn glauben; so kommen dann die Römer und nehmen uns Land und Leute. Einer aber unter ihnen, Kaiphas, der desselben Jahres Hoherpriester war, sprach zu ihnen: Ihr wisset nichts, bedenket auch nichts; es ist uns besser, Ein Mensch sterbe für das Volk, denn daß das ganze Volk verderbe. Solches aber redete er nicht von sich selbst, sondern dieweil er desselbigen Jahres Hoherpriester war, weissagte er; denn Jesus sollte sterben für das Volk, und nicht für das Volk allein, sondern daß er die Kinder Gottes, die zerstreuet waren, zusammen brächte. Von dem Tage an ratschlagten sie, wie sie ihn töteten.

Jesus aber nahm zu sich die Zwölfe, und sprach zu ihnen: Sehet, wir gehen hinauf gen Jerusalem, und es wird alles vollendet werden, das geschrieben ist durch die Propheten von des Menschen Sohn. Denn er wird überantwortet werden den Heiden; und er wird verspottet und geschmähet und verspeiet werden; und sie werden ihn geißeln und töten; und am dritten Tage wird er wieder auferstehen. Sie aber vernahmen der keines, und die Rede war ihnen verborgen, und wußten nicht, was das Gesagte war.

Sechs Tage vor den Ostern kam Jesus gen Bethanien, da Lazarus war, der verstorbene, welchen Jesus auferwecket hatte von den Toten. Daselbst machten sie ihm ein Abendmahl im Hause Simonis des Aussätzigen; und Martha dienete. Lazarus aber war der einer, die mit ihm zu Tische saßen. Da nahm Maria (die Schwester Lazari) ein Pfund Salbe, von ungefälschter köstlicher Narden; und kam und trat zu ihm, und zerbrach das Glas, und goß es auf sein Haupt, da er zu Tische saß, und salbete die Füße Jesu, und trocknete mit ihrem Haare seine Füße; das Haus aber ward voll von dem Geruche der Salbe. Da sprach seiner Jünger einer, Judas, Simonis Sohn, Ischariotes, der ihn hernach verriet: warum ist diese Salbe nicht verkauft um dreihundert Groschen, und den Armen gegeben? Das sagte er aber nicht, daß er nach den Armen fragte; sondern er war ein Dieb, und hatte den Beutel und trug, was gegeben ward. Es waren auch etliche der andern Jünger, die wurden unwillig und sprachen: Wozu dient diese Vergeudung? Dieses Wasser hätte mögen teuer verkauft und den Armen gegeben werden. Und sie murreten über sie. Da das Jesus merkte, sprach er zu ihnen: Lasset sie mit Frieden! Was bekümmert ihr das Weib? Sie hat ein gutes Werk an mir gethan; solches hat sie behalten zum Tage meines Begräbnisses. Denn Arme habt ihr allezeit bei euch, und wenn ihr wollet, könnet ihr ihnen Gutes thun; mich aber habt ihr nicht allezeit. Sie hat gethan, was sie konnte. Daß sie dies Wasser hat auf meinen Leib gegossen, ist sie zuvorgekommen, daß sie meinen Leib zum Grabe bereite. Wahrlich, ich sage euch: wo dies Evangelium gepredigt wird in aller Welt, da wird man auch das sagen zu ihrem Gedächtnis, das sie jetzt gethan hat.

Des andern Tages viel Volks, das aufs Fest gekommen war, da es hörete, daß Jesus kommt gen Jerusalem, nahmen sie Palmenzweige, und gingen hinaus ihm entgegen und schrieen: Hosianna! Gelobt sei, der da kommt in dem Namen des Herrn, der König von Israel! Jesus aber überkam ein Eselein, und ritt darauf; wie denn geschrieben stehet: Fürchte dich nicht, du Tochter Zion, siehe, dein König kommt, reitend auf einem Eselsfüllen. Das Volk aber, das mit ihm war, da er Lazarus aus dem Grabe rief und von den Toten auferweckte, rühmete die That. Darum ging ihm auch das Volk entgegen, da sie höreten, er hätte solches Zeichen gethan. Die Pharisäer aber sprachen unter einander: Ihr sehet, daß ihr nichts ausrichtet; siehe, alle Welt läuft ihm nach.

Es war aber nahe das Fest der süßen Brote, das da Ostern heißet, und Jesus sprach zu seinen Jüngern: Ihr wisset, daß nach zween Tagen Ostern wird; und des Menschen Sohn wird überantwortet werden, daß er gekreuzigt werde. Da versammelten sich die Hohenpriester und Schriftgelehrten, und die Ältesten im Volk im Palast des Hohenpriesters, der da hieß Kaiphas, und hielten Rat, wie sie Jesum mit List griffen und töteten. Sie sprachen aber: Ja nicht auf das Fest, auf daß nicht ein Aufruhr werde im Volke; denn sie fürchteten sich vor dem Volke. Es war aber der Satanas gefahren in den Judas, genannt Ischarioth, der da war aus der Zahl der Zwölfe.

Und er ging hin und redete mit den Hohenpriestern und mit den Hauptleuten, wie er ihn wollte ihnen überantworten, und sprach: Was wollt ihr mir geben? ich will ihn euch verraten. Da sie das höreten, wurden sie froh, und gelobten ihm Geld zu geben und boten ihm dreißig Silberlinge; und er versprach sich. Und von dem an suchte er Gelegenheit, wie er ihn füglich verriete und überantwortete ohne Rumor.

(Ev. Joh. 11, 47—53. 12, 1—8. 12—15. 17—19. Matth. 26, 6—13. 1—5. 14—16. Marc. 14, 3—9. 1. 2. 10. 11. Luc. 18, 31—34. 22, 1. 2. 4—6.)

---

2. Das letzte Mahl Jesu.

Am ersten Tage aber der süßen Brote, auf welchen man mußte opfern das Osterlamm, traten die Jünger zu Jesu und sprachen zu ihm: Wo willst du, daß wir hingehen und dir bereiten das Osterlamm zu essen? Und er sandte seiner Jünger zween, Petrum und Johannem und sprach: Gehet hin in die Stadt; sehet, wann ihr hineinkommt, wird euch ein Mensch begegnen, der trägt einen Wasserkrug; folget ihm nach in das Haus, da er hineingehet, und saget dem Hauswirt: Der Meister läßt dir sagen, meine Zeit ist herbei kommen; ich will bei dir die Ostern halten; wo ist das Gasthaus, darinnen ich das Osterlamm essen möge mit meinen Jüngern? Und er wird euch einen großen Saal zeigen, der bereitet und gedecket ist; daselbst richtet für uns zu. Sie gingen aus, und kamen in die Stadt, und fandens, wie er ihnen gesagt hatte, und bereiteten das Osterlamm.

Am Abend aber kam er mit den Zwölfen; und da die Stunde kam, setzte er sich nieder zu Tische und die zwölf Apostel mit ihm. Und er sprach zu ihnen: Mich hat herzlich verlanget, dies Osterlamm mit euch zu essen, ehe denn ich leide. Denn ich sage euch, daß ich hinfort nicht mehr davon essen werde, bis daß es erfüllet werde im Reiche Gottes.

Es erhub sich auch ein Zank unter ihnen, welcher unter ihnen sollte für den Größten gehalten werden. Er aber sprach zu ihnen: Die weltlichen Könige herrschen, und die Gewaltigen heißet man gnädige Herrn. Ihr aber nicht also; sondern der Größte unter euch soll sein wie der Jüngste, und der Vornehmste wie der Diener. Denn welcher ist der Größte? der zu Tische sitzt, oder der da dienet? Ists nicht also, daß, der zu Tische sitzt? Ich aber bin unter euch wie ein Diener. Ihr aber seids, die ihr beharret habt bei mir in meinen Anfechtungen. Und ich will euch das Reich bescheiden, wie mirs mein Vater beschieden hat, daß ihr essen und trinken sollt über meinem Tische in meinem Reich, und sitzen auf Stühlen und richten die zwölf Geschlechter Israels.

Und Jesus, da er erkannte, daß seine Zeit gekommen war, daß er aus dieser Welt ginge zum Vater: wie er hatte geliebet die Seinen, die in der Welt waren, so liebte er sie bis ans Ende. Und da schon der Teufel hatte dem Judas Simonis Ischarioth ins Herz gegeben, daß er ihn verriete, wußte Jesus, daß ihm der Vater hatte alles in seine Hände gegeben, und daß er von Gott gekommen war und zu Gott ging, und stand vom Abendmahle auf, legte seine Kleider ab, und nahm einen Schurz und umgürtete sich. Darnach goß er Wasser in ein Becken, hub an, den Jüngern die Füße zu waschen, und trocknete sie mit dem Schurz, damit er umgürtet war. Da kam er zu Simon Petro; und derselbe sprach zu ihm: Herr, solltest du meine Füße waschen? Jesus antwortete und sprach zu ihm: Was ich thue, das weißt du jetzt nicht, du wirst es aber hernach erfahren. Da sprach Petrus zu ihm: Nimmermehr sollst du mir die Füße waschen. Jesus antwortete ihm: Werde ich dich nicht waschen, so hast du keinen Teil an mir. Spricht zu ihm Simon Petrus: Herr, nicht die Füße allein, sondern auch die Hände und das Haupt! Spricht Jesus zu ihm: Wer gewaschen ist, der darf nicht, denn die Füße waschen, sondern er ist ganz rein. Und ihr seid rein, aber nicht alle. Denn er wußte seinen Verräter wohl; darum sprach er: Ihr seid nicht alle rein.

Da er nun ihre Füße gewaschen hatte, nahm er seine Kleider und setzte sich wieder nieder, und sprach abermal zu ihnen: Wisset ihr, was ich euch gethan habe? Ihr heißet mich Meister und Herr, und sagt recht daran, denn ich bin es auch. So nun ich, euer Herr und Meister, euch die Füße gewaschen habe, so sollt ihr auch euch unter einander die Füße waschen. Ein Beispiel habe ich euch gegeben, daß ihr thut, wie ich euch gethan habe. Wahrlich, wahrlich, ich sage euch: der Knecht ist nicht größer, denn sein Herr, noch der Apostel größer, denn der ihn gesandt hat. So ihr solches wisset, selig seid ihr, so ihr es thut. Nicht sage ich von euch allen; ich weiß, welche ich erwählet habe. Sondern, daß die Schrift erfüllet werde: Der mein Brot isset, der tritt mich mit Füßen. Jetzt sage ichs euch, ehe denn es geschieht, auf daß, wenn es geschehen ist, daß ihr glaubet, daß ichs bin. Wahrlich, wahrlich, ich sage euch: Wer aufnimmt, so ich jemand senden werde, der nimmt mich auf; wer aber mich aufnimmt, der nimmt den auf, der mich gesandt hat.

So oft ich euch gesandt habe ohne Beutel, ohne Tasche und ohne Schuhe, habt ihr auch je Mangel gehabt? Sie sprachen: Nie keinen. Da sprach er zu ihnen: Aber nun, wer einen Beutel hat, der nehme ihn, desselbigen gleichen auch die Tasche; wer aber nicht hat, verkaufe sein Kleid, und kaufe ein Schwert. Denn ich sage euch: Es muß noch das auch vollendet werden an mir, das geschrieben stehet: Er ist unter die Übelthäter gerechnet. Denn was von mir geschrieben ist, das hat ein Ende. Sie sprachen aber: Herr, siehe, hie sind zwei Schwerter. Er aber sprach zu ihnen: Es ist genug.

Da Jesus solches gesagt hatte, ward er betrübt im Geiste, zeugete und sprach: Wahrlich, wahrlich, ich sage euch: Einer unter euch wird mich verraten; siehe, die Hand meines Verräters ist mit mir über Tische! Da sahen sich die Jünger unter einander an, und wurden sehr betrübt und ward ihnen bange, von welchem er redete; und huben an, ein jeglicher unter ihnen, und sagten zu ihm einer nach dem andern: Herr, bin ichs? und der andere: Herr, bin ichs? Er antwortete und sprach zu ihnen: Einer aus den Zwölfen, der mit der Hand mit mir in die Schüssel tauchet, der wird mich verraten. Des Menschen Sohn gehet zwar dahin, wie von ihm geschrieben stehet und beschlossen ist, doch wehe demselben Menschen, durch welchen des Menschen Sohn verraten wird! es wäre demselben Menschen besser, daß er nie geboren wäre. Und sie fingen an zu fragen unter sich selbst, welcher es doch wäre unter ihnen, der das thun würde? Es war aber einer unter seinen Jüngern, der zu Tische saß, welchen Jesus lieb hatte. Dem winkte Simon Petrus, daß er forschen sollte, wer es wäre, von dem er sagte. Derselbige lag an der Brust Jesu, und sprach zu ihm: Herr, wer ist es? Jesus antwortete: Der ist es, dem ich den Bissen eintauche und gebe. Und er tauchte den Bissen ein, und gab ihn Juda Simonis Ischarioth. Da sprach Judas: Bin ichs, Rabbi? Er sprach zu ihm: Du sagst es! und nach dem Bissen fuhr der Satan in ihn. Da sprach Jesus zu ihm: Was du thust, das thue bald. Dasselbige aber wußte niemand über dem Tische, wozu er es ihm sagte. Etliche meinten, dieweil Judas den Beutel hatte, Jesus spräche zu ihm: Kaufe was uns not ist auf das Fest, oder daß er den Armen etwas gebe. Da er nun den Bissen genommen hatte, ging er so bald hinaus. Und es war Nacht.

Da aber Judas hinausgegangen war, spricht Jesus: Nun ist des Menschen Sohn verkläret, und Gott ist verkläret in ihm. Ist Gott verkläret in ihm, so wird ihn Gott auch verklären in ihm selbst, und wird ihn bald verklären.

Und nach dem Abendmahl, in der Nacht, da er verraten ward, nahm der Herr Jesus das Brot, dankete und brach es, und gab es den Jüngern und sprach: Nehmet, esset, das ist mein Leib, der für euch gegeben wird; das thut zu meinem Gedächtnis. Desselbigen gleichen nahm er auch den Kelch, dankete, und gab ihnen den und sprach: Trinket alle daraus. Dieser Kelch ist das neue Testament in meinem Blute, das für euch und für viele vergossen wird zur Vergebung der Sünden. Solches thut, so oft ihrs trinket, zu meinem Gedächtnis. Und sie tranken alle daraus. Und er sprach zu ihnen: Wahrlich, ich sage euch, daß ich hinfort nicht trinken werde von diesem Gewächse des Weinstocks, bis auf den Tag, da ich es neu trinken werde mit euch in meines Vaters Reich.

Lieben Kindlein, ich bin noch eine kleine Weile bei euch; ihr werdet mich suchen, und, wie ich zu den Juden sagte: wo ich hingehe, da könnt ihr nicht hinkommen, so sage ich nun auch euch. Ein neu Gebot gebe ich euch, daß ihr euch unter einander liebet, wie ich euch geliebet habe, auf daß auch ihr einander lieb habet. Dabei wird jedermann erkennen, daß ihr meine Jünger seid, so ihr Liebe unter einander habt. Spricht Simon Petrus zu ihm: Herr, wo gehest du hin? Jesus antwortete ihm: Da ich hingehe, kannst du mir diesmal nicht folgen; aber du wirst mir hernachmals folgen. Petrus spricht zu ihm: Herr, warum kann ich dir diesmal nicht folgen? Ich bin bereit mit dir ins Gefängnis und in den Tod zu gehen. Ich will mein Leben für dich lassen! Jesus antwortete ihm: Solltest du dein Leben für mich lassen? Simon, Simon, siehe, der Satanas hat euer begehret, daß er euch möchte sichten, wie den Weizen. Ich aber habe für dich gebeten, daß dein Glaube nicht aufhöre. Und wenn du dermaleinst dich bekehrest, so stärke deine Brüder.

(Matth. 26, 17—29. Marc. 14, 12—25. Luc. 22, 7—16. 24—30. 35—38. 21—23. 19. 20. 31—34. Joh. 13. 1. Cor. 11, 25.)

---

3. Jesu geistliches Leiden in Gethsemane und Gefangennehmung.

Und da sie den Lobgesang gesprochen und Jesus noch vieles zu ihnen geredet hatte, ging er hinaus nach seiner Gewohnheit über den Bach Kidron an den Ölberg. Es folgten ihm aber seine Jünger nach an denselbigen Ort. Da sprach Jesus zu ihnen: In dieser Nacht werdet ihr euch alle an mir ärgern. Denn es stehet geschrieben: Ich werde den Hirten schlagen, und die Schafe der Herde werden sich zerstreuen. Wenn ich aber werde auferstanden sein, will ich vor euch hingehen in Galiläam. Petrus aber antwortete und sprach zu ihm: Wenn sie auch alle sich an dir ärgerten, so will ich doch mich nimmermehr ärgern. Jesus sprach zu ihm: Wahrlich, ich sage dir: Heute, in dieser Nacht, ehe der Hahn zweimal krähet, wirst du mich dreimal verleugnen. Petrus aber redete noch weiter: Ja, wenn ich auch mit dir sterben müßte, so will ich dich nicht verleugnen. Desgleichen sagten auch alle Jünger.

Da kam Jesus mit ihnen zu einem Hofe, der hieß Gethsemane; da war ein Garten, darein ging Jesus und seine Jünger. Judas aber, der ihn verriet, wußte den Ort auch, denn Jesus versammelte sich oft daselbst mit seinen Jüngern. Und als er dahin kam, sprach er zu seinen Jüngern: Setzet euch hier, bis daß ich dorthin gehe und bete. Und nahm zu sich Petrum und Jakobum und Johannem, die zween Söhne Zebedäi, und fing an zu trauern und zu zittern und zu zagen, und sprach zu ihnen: Meine Seele ist betrübt bis an den Tod; bleibet hier und wachet mit mir. Und ging hin ein wenig, und riß sich von ihnen bei einem Steinwurfe, kniete nieder und fiel auf sein

Angesicht auf die Erde und betete, daß, so es möglich wäre, die Stunde vorüberginge, und sprach: Abba, mein Vater! es ist dir alles möglich; willst du, so überhebe mich dieses Kelchs und nimm ihn von mir; doch nicht, was ich will, sondern was du willst. Und er kam zu seinen Jüngern, und fand sie schlafend, und sprach zu Petro: Simon, schläfst du? vermöchtest du denn nicht eine Stunde mit mir zu wachen? Wachet und betet, daß ihr nicht in Versuchung fallet; der Geist ist willig, aber das Fleisch ist schwach. Zum andernmal ging er wieder hin, betete und sprach: Mein Vater, ists nicht möglich, daß dieser Kelch von mir gehe, ich trinke ihn denn: so geschehe dein Wille. Es erschien ihm aber ein Engel vom Himmel und stärkete ihn. Und es kam, daß er mit dem Tode rang und betete heftiger. Es ward aber sein Schweiß wie Blutstropfen, die fielen auf die Erde. Und er kam wieder und fand sie abermals schlafend vor Traurigkeit, und sprach zu ihnen: Was schlafet ihr? Stehet auf und betet, auf daß ihr nicht in Anfechtung fallet. Aber ihre Augen waren voll Schlafs, und wußten nicht, was sie ihm antworteten. Und er ließ sie, und ging abermal hin und betete zum drittenmal, und redete dieselbigen Worte. Und er stand auf von dem Gebet, und kam zum drittenmal zu seinen Jüngern und sprach zu ihnen: Ach, wollt ihr nun schlafen und ruhen? es ist genug! siehe, die Stunde ist hie, daß des Menschen Sohn in der Sünder Hände überantwortet wird. Stehet auf, lasset uns von hinnen gehen; siehe, der mich verrät, ist nahe, er ist da.

Und alsbald, da er noch redete, siehe, da kam herzu Judas, der Zwölfen einer, welcher zu sich genommen hatte die Schar, und der Hohenpriester und Pharisäer Diener, mit Fackeln und Lampen, mit Schwertern, mit Stangen und mit Waffen, von den Hohenpriestern und Schriftgelehrten und Ältesten des Volks. Und Judas ging vor ihnen her.

Der Verräter hatte ihnen aber ein Zeichen gegeben und gesagt: Welchen ich küssen werde, der ist es, den greifet und führet ihn gewiß. Und da er kam, nahete er sich zu Jesu und trat alsobald zu ihm, ihn zu küssen, und sprach: Gegrüßet seist du, Rabbi, Rabbi! und küssete ihn. Jesus aber sprach zu ihm: Mein Freund, warum bist du gekommen? Juda, verrätest du des Menschen Sohn mit einem Kuß?

Als nun Jesus wußte alles, was ihm begegnen sollte, ging er hinaus und sprach zu ihnen: Wen suchet ihr? Sie antworteten ihm: Jesum von Nazareth! Jesus spricht zu ihnen: Ich bins! Als nun Jesus zu ihnen sprach: Ich bins, wichen sie zurück, und fielen zu Boden. Da fragte er sie abermals: Wen suchet ihr? Sie aber sprachen: Jesum von Nazareth! Jesus antwortete: Ich habe es euch gesagt, daß ich es sei; suchet ihr denn mich, so lasset diese gehen. Auf daß das Wort erfüllet würde, welches er sagte: Ich habe deren keinen verloren, die du mir gegeben hast.

Da traten sie hinzu, und legten die Hände an Jesum und griffen ihn. Da aber sahen, die um ihn waren, was da werden wollte, sprachen sie zu ihm: Herr, sollen wir mit dem Schwerte drein schlagen? Und siehe, einer aus denen, die mit Jesu waren und dabei standen, Simon Petrus, hatte ein Schwert, und zog es aus und reckte die Hand aus, und schlug nach des Hohenpriesters Knecht und hieb ihm sein rechtes Ohr ab; und der Knecht hieß Malchus. Jesus aber antwortete und sprach: Lasset sie doch so ferner machen. Und sprach zu Petro: Stecke dein Schwert an seinen Ort in die Scheide: denn wer das Schwert nimmt, der soll durchs Schwert umkommen. Soll ich den Kelch nicht trinken, den mir mein Vater gegeben hat? Oder meinest du, daß ich nicht könnte meinen Vater bitten, daß er mir zuschickte mehr denn zwölf Legionen Engel? Wie würde aber die Schrift erfüllet? Es muß also gehen. Und er rührte sein Ohr an, und heilete ihn. — Zu der Stunde aber sprach Jesus zu den Scharen, und zu den Hohenpriestern und Hauptleuten des Tempels, und den Ältesten, die über ihn gekommen waren: Ihr seid ausgegangen, als zu einem Mörder, mit Schwertern und mit Stangen, mich zu fahen. Bin ich doch täglich bei euch gesessen und habe gelehret im Tempel, und ihr habt keine Hand an mich geleget und mich nicht gegriffen. Aber dies ist eure Stunde und die Macht der Finsternis. Und das ist alles geschehen, daß erfüllet würden die Schriften der Propheten. Da verließen ihn alle Jünger und flohen. Und es war ein Jüngling, der folgte ihm nach, der war mit Leinwand bekleidet auf der bloßen Haut, und die Jünglinge griffen ihn. Er aber ließ die Leinwand fahren, und flohe bloß von ihnen.

(Joh. 14, 1—17, 26. 18, 1—11. Matth. 26, 30—56. Marc. 14, 26—52. Luc. 22, 39—53.)

---

4. Jesu Verhör vor Hannas, vor Kaiphas und dem hohen Rat. Verleugnung des Petrus.

Die Schar aber und der Oberhauptmann und die Diener der Juden, die Jesum gegriffen hatten, nahmen ihn und banden ihn und führeten ihn aufs erste zu Hannas; der war Kaiphas Schwäher, welcher des Jahres Hoherpriester war. Es war aber Kaiphas, der den Juden riet, es wäre gut, daß ein Mensch würde umgebracht für das Volk. Simon Petrus aber folgte Jesus von ferne nach und ein anderer Jünger bis in den Palast des Hohenpriesters. Derselbige Jünger war dem Hohenpriester bekannt und ging mit Jesu hinein in des Hohenpriesters Palast. Petrus aber stand draußen vor der Thür. Da ging der andere Jünger, der dem Hohenpriester bekannt war, hinaus und redete mit der Thürhüterin und führte Petrum hinein.

Und er ging hinein und setzte sich bei die Knechte, auf daß er sähe, wo es hinaus wollte. Da sprach die Magd, die Thürhüterin zu Petrus: Bist du nicht auch dieses Menschen Jünger einer? Er sprach: ich bins nicht. Und er ging hinaus in den Vorhof, und es krähete der Hahn.

Aber der Hohepriester fragte Jesum um seine Jünger und um seine Lehre. Jesus antwortete ihm: Ich habe frei öffentlich geredet vor der Welt; ich habe allezeit gelehret in der Schule und in dem Tempel, da alle Juden zusammen kommen, und habe nichts im Verborgenen geredet. Was fragest du mich darum? Frage die darum, die gehöret haben, was ich zu ihnen geredet habe; siehe, dieselbigen wissen, was ich gesagt habe. Als er aber solches redete, gab der Diener einer, die dabei stunden, Jesu einen Backenstreich, und sprach: Sollst du dem Hohenpriester also antworten? Jesus antwortete: Hab ich übel geredet, so beweise es, daß es böse sei; habe ich aber recht geredet, was schlägst du mich?

Und Hannas sandte ihn gebunden zum Hohenpriester Kaiphas, dahin die Schriftgelehrten und Ältesten sich versammelt hatten. Und sie suchten falsch Zeugnis wider Jesum, auf daß sie ihn zum Tode brächten, und fanden nichts. Und wiewohl viele falsche Zeugen herzutraten, fanden sie doch keines: ihr Zeugnis stimmte nicht überein. Einige standen auf, gaben falsch Zeugnis wider ihn und sprachen: wir haben ihn hören sagen: ich will diesen Tempel, der mit Händen gemacht ist, abbrechen und in dreien Tagen einen andern bauen, der nicht mit Händen gemacht sei. Zuletzt traten herzu zween falsche Zeugen, die sprachen: Dieser hat gesagt: ich kann den Tempel Gottes abbrechen und in dreien Tagen denselbigen bauen. Aber ihr Zeugnis stimmte noch nicht überein. Und der Hohepriester stand auf unter sie, fragte Jesum und sprach: Antwortest du nichts zu dem, was diese wider dich zeugen? Jesus aber schwieg stille und antwortete nichts.

Es standen aber die Knechte und Diener des Hohenpriesters, und hatten ein Kohlenfeuer angezündet mitten im Palast, denn es war kalt, und setzten sich zusammen und wärmeten sich. Simon Petrus aber setzte sich bei ihnen in dem Hof und wärmete sich an dem Feuer. Und die Magd sah ihn abermal und hub an zu sagen zu denen so dabei standen: Dieser war auch mit dem Jesus von Nazareth, er ist auch einer von ihnen. Da sprachen sie: Bist du nicht auch seiner Jünger einer? Du bist einer von ihnen. Und er leugnete abermal und schwur dazu und sprach: Mensch, ich bins nicht; ich kenne den Menschen nicht. — Und über eine Weile, bei einer Stunde, spricht des Hohenpriesters Knechte einer, ein Gefreundter des, dem Petrus das Ohr abgehauen hatte: sahe ich dich nicht im Garten bei ihm! Und ein anderer bekräftigte es und sprach: wahrlich, dieser war mit ihm. Und es traten hinzu, die dabei standen und sprachen zu Petro: wahrlich, du bist auch einer von denen, denn deine Sprache verrät dich, denn du bist ein Galiläer. Da leugnete Petrus abermals und fing an, sich zu verfluchen und zu schwören und sprach: ich kenne den Menschen nicht, von dem ihr saget, weiß auch nicht, was ihr sprechet. Und alsobald, da er noch redete, krähete der Hahn zum andernmal. Und der Herr wandte sich um und sahe Petrum an. Da gedachte Petrus an das Wort Jesu, da er zu ihm gesagt hatte: Ehe der Hahn zweimal krähet, wirst du mich dreimal verleugnen. Und er ging hinaus, hub an zu weinen und weinete bitterlich.

Und als es Tag ward, sammelten sich die Ältesten des Volks, alle Hohenpriester und Schriftgelehrten, der ganze hohe Rat. Und sie führten ihn hinauf vor ihren Rat und sprachen: Bist du Christus? sage es uns. Er sprach aber zu ihnen: sage ich es euch, so glaubet ihr es nicht, frage ich aber, so antwortet ihr mir nicht und lasset mich doch nicht los. Da fragte ihn der Hohepriester abermals und sprach zu ihm: ich beschwöre dich bei dem lebendigen Gott, daß du uns sagest, ob du seist Christus, der Sohn Gottes des Hochgelobten? Jesus sprach zu ihm: du sagest es, ich bin es! doch sage ich euch, von nun an wird es geschehen, daß ihr sehen werdet des Menschen Sohn sitzen zur rechten Hand der Kraft und kommen in den Wolken des Himmels. Sie sprachen aber alle: bist du denn Gottes Sohn? Er aber sprach zu ihnen: Ihr sagt es, denn ich bin es. Da zerriß der Hohepriester seine Kleider und sprach: Er hat Gott gelästert, was bedürfen wir weiter Zeugen? Siehe, jetzt habt ihr seine Gotteslästerung gehört. Sie sprachen: was bedürfen wir weiter Zeugnis? Wir haben es selbst gehöret aus seinem Munde. Er sprach: Was dünket euch? Sie aber verdammten ihn alle, antworteten und sprachen: Er ist des Todes schuldig. Und etliche fingen an, ihn zu verspeien ins Angesicht und mit Fäusten zu schlagen und zu verdecken sein Angesicht und zu ihm zu sagen: weissage uns, Christe, wer ist es, der dich schlug? Und viele andere Lästerungen sagten sie wider ihn.

Und bald am Morgen machten alle Hohenpriester und Ältesten und Schriftgelehrten und der ganze hohe Rat den Beschluß wider Jesum, ihn zum Tode zu bringen.

(Joh. 18, 12—17. 19—24. 18. 25—27. Matth. 26, 58—63. 69. 71—75. 64—68. 27, 1. Marc. 14, 66—68. 55—61. 69—72. 62—65. 15, 1. Luc. 22, 55. 58—62. 66—71. 63—65.)

---

5. Jesus vor Pontius Pilatus.

Und der ganze Haufe stand auf, banden Jesum und führeten ihn von Kaiphas vor das Richthaus, und überantworteten ihn dem Landpfleger Pontius Pilatus, und es war frühe.

Da das sahe Judas, der ihn verraten hatte, daß er verdammt war zum Tode, gereuete es ihn, und brachte wieder die dreißig Silberlinge den Hohenpriestern und den Ältesten und sprach: Ich habe übel gethan, daß ich unschuldig Blut verraten habe. Sie sprachen: Was gehet uns das an? da siehe du zu. Und er warf die Silberlinge in den Tempel, hub sich davon, ging hin und erhenkte sich selbst. Aber die Hohenpriester nahmen die Silberlinge und sprachen: Es taugt nicht, daß wir sie in den Gotteskasten legen, denn es ist Blutgeld. Sie hielten aber einen Rat, und kauften einen Töpfersacker darum, zum Begräbnis der Pilger. Daher ist derselbige Acker genannt der Blutacker, bis auf den heutigen Tag. Da ist erfüllet, das gesagt ist durch den Propheten, da er spricht: Sie haben genommen dreißig Silberlinge, damit bezahlet ward der Verkaufte, welchen sie kauften von den Kindern Israel; und haben sie gegeben um einen Töpfersacker, als mir der Herr befohlen hat.

Die Juden gingen aber nicht in das Richthaus, auf daß sie nicht unrein würden, sondern Ostern essen möchten. Da ging Pilatus zu ihnen hinaus und sprach: Was bringet ihr für Klage wider diesen Menschen? Sie antworteten und sprachen zu ihm: Wäre dieser nicht ein Übelthäter, wir hätten dir ihn nicht überantwortet. Da sprach Pilatus zu ihnen: So nehmet ihr ihn hin und richtet ihn nach eurem Gesetz. Da sprachen die Juden zu ihm: Wir dürfen niemand töten; auf daß erfüllet würde das Wort Jesu, welches er sagte, da er deutete, welches Todes er sterben würde.

Jesus aber stand vor dem Landpfleger. Und sie fingen an, ihn zu verklagen und sprachen: Diesen finden wir, daß er das Volk abwendet und verbeut den Schoß dem Kaiser zu geben, und spricht: Er sei Christus, ein König. Da ging Pilatus wieder hinein in das Richthaus, und rief Jesu und sprach zu ihm: Bist du der Juden König? Jesus antwortete: Redest du das von dir selbst, oder haben es dir andere von mir gesagt? Pilatus antwortete: Bin ich ein Jude? Dein Volk und die Hohenpriester haben dich mir überantwortet; was hast du gethan? Jesus antwortete: Mein Reich ist nicht von dieser Welt; wäre mein Reich von dieser Welt, meine Diener würden darob kämpfen, daß ich den Juden nicht überantwortet würde; aber nun ist mein Reich nicht von dannen. Da sprach Pilatus zu ihm: So bist du dennoch ein König? Jesus antwortete: Du sagst es; ich bin ein König, ich bin dazu geboren und in die Welt gekommen, daß ich die Wahrheit zeugen soll. Wer aus der Wahrheit ist, der höret meine Stimme. Spricht Pilatus zu ihm: Was ist Wahrheit? Und da er das gesagt hatte, ging er wieder hinaus zu den Juden, und spricht zu den Hohenpriestern und zum Volke: Ich finde keine Schuld an diesem Menschen!

Die Hohenpriester aber und Ältesten beschuldigten ihn hart. Und da er von ihnen verklaget ward, antwortete er nichts. Da fragte ihn Pilatus abermals und sprach zu ihm: Antwortest du nichts? siehe, wie hart sie dich verklagen! hörest du nicht? Jesus aber ant=

wortete ihm nicht auf ein Wort; also daß sich auch der Landpfleger sehr verwunderte.

Sie aber hielten an und sprachen: Er hat das Volk erreget damit, daß er gelehret hat hin und her im ganzen jüdischen Lande, und hat in Galiläa angefangen bis hieher. Da aber Pilatus Galiläa hörte, fragte er, ob er aus Galiläa wäre? Und als er vernahm, daß er unter Herodis Obrigkeit gehörte, übersandte er ihn zu Herodes, welcher in denselbigen Tagen auch zu Jerusalem war. Da aber Herodes Jesum sahe, ward er sehr froh, denn er hätte ihn längst gern gesehen; denn er hatte viel von ihm gehöret und hoffte, er würde ein Zeichen von ihm sehen. Und er fragte ihn mancherlei; er antwortete ihm aber nichts. Und Herodes mit seinem Hofgesinde verachtete und verspottete ihn, legte ihm ein weißes Kleid an, und sandte ihn wieder zu Pilatus. Auf den Tag wurden Pilatus und Herodes Freunde mit einander: denn zuvor waren sie einander feind.

Pilatus aber rief die Hohenpriester und die Obersten und das Volk zusammen, und sprach zu ihnen: Ihr habt diesen Menschen zu mir gebracht, als der das Volk abwende; und siehe, ich habe ihn vor euch verhöret, und finde an dem Menschen der Sachen keine, deren ihr ihn beschuldiget; Herodes auch nicht, denn ich habe euch zu ihm gesandt, und siehe, man hat nichts auf ihn gebracht, das des Todes wert sei; darum will ich ihn züchtigen und loslassen.

Auf das Osterfest aber hatte der Landpfleger die Gewohnheit, dem Volke einen Gefangenen loszugeben, welchen sie begehrten. Und das Volk ging hinauf und bat, daß er thäte, wie er pflegte. Sie hatten aber zu der Zeit einen Gefangenen, einen sonderlichen vor andern, der hieß Barabbas, gefangen mit den Aufrührerischen, um eines Aufruhrs, so in der Stadt geschehen war, und um eines Mordes willen ins Gefängnis geworfen. Und da sie versammelt waren, sprach Pilatus zu ihnen: Ihr habt eine Gewohnheit, daß ich euch einen auf Ostern losgebe; welchen wollt ihr nun, daß ich euch losgebe? Wollt ihr, daß ich euch losgebe Barabbam oder Jesum, den König der Juden, von dem gesagt wird, er sei Christus? Denn er wußte wohl, daß ihn die Hohenpriester aus Neid überantwortet hatten.

Und da er auf dem Richtstuhle saß, schickte sein Weib zu ihm, und ließ ihm sagen: Habe du nichts zu schaffen mit diesem Gerechten; ich habe heute viel erlitten im Traume von seinetwegen.

Aber die Hohenpriester und die Ältesten überredeten und reizten das Volk, daß sie bitten sollten, daß er ihnen viel lieber den Barabbam losgebe, und daß sie sollten Jesum zum Tode bringen. Da antwortete nun der Landpfleger Pilatus wiederum, und sprach zu ihnen: Welchen wollt ihr unter diesen zweien, den ich euch soll losgeben? Da schrie der ganze Haufe und sprach: Hinweg mit diesem und gieb uns Barabbam los! Barabbas aber war ein Mörder. Pilatus aber antwortete wiederum, und rief abermal zu ihnen, und wollte Jesum loslassen, und sprach: Was soll ich denn machen mit Jesu, von dem gesagt wird, er sei Christus, und den ihr schuldiget, er sei ein König der Juden? Sie riefen aber alle, und schrieen und sprachen: Kreuzige ihn, kreuzige ihn! Der Landpfleger aber sprach zum dritten Male zu ihnen: Was hat denn dieser Übels gethan? Ich finde keine Ursache des Todes an ihm; darum will ich ihn züchtigen und loslassen. Aber sie lagen ihm an mit großem Geschrei, schrieen noch mehr, forderten und sprachen alle: Kreuzige ihn! Und ihr und der Hohenpriester Geschrei nahm überhand.

Da nahmen die Kriegsknechte des Landpflegers Jesum zu sich und führten ihn hinein in das Richthaus, und sammelten über ihn die ganze Schar. Und Pilatus geißelte Jesum. Und sie zogen Jesum aus, und legten ihm einen Purpurmantel an, und flochten eine Dornenkrone, und setzten sie ihm auf sein Haupt, und ein Rohr in seine rechte Hand, und beugten die Kniee vor ihm, verspotteten ihn, grüßten ihn und sprachen: Gegrüßet seist du, lieber Judenkönig! und gaben ihm Backenstreiche, und speieten ihn an, und nahmen das Rohr, und schlugen damit sein Haupt, und fielen auf die Kniee und beteten ihn an.

Da ging Pilatus wieder heraus, und sprach zu ihnen: Sehet, ich führe ihn heraus zu euch, daß ihr erkennet, daß ich keine Schuld an ihm finde. Also ging Jesus heraus, und trug eine Dornenkrone und Purpurkleid. Und er sprach zu ihnen: Sehet, welch ein Mensch! Da ihn die Hohenpriester und die Diener sahen, schrieen sie und sprachen: Kreuzige! kreuzige! Pilatus spricht zu ihnen: Nehmet ihr ihn hin und kreuziget ihn, denn ich finde keine Schuld an ihm. Die Juden antworteten ihm: Wir haben ein Gesetz, und nach dem Gesetz soll er sterben; denn er hat sich selbst zu Gottes Sohn gemacht. Da Pilatus das Wort hörete, fürchtete er sich noch mehr; und ging wieder hinein in das Richthaus und spricht zu Jesu: Von wannen bist du? Aber Jesus gab ihm keine Antwort. Da sprach Pilatus zu ihm: Redest du nicht mit mir? Weißt du nicht, daß ich Macht habe, dich zu kreuzigen, und Macht habe, dich loszugeben? Jesus antwortete: Du hättest keine Macht über mich, wenn sie dir nicht wäre von oben herab gegeben; darum, der mich dir überantwortet hat, der hat es größere Sünde. Von dem an trachtete Pilatus, wie er ihn losließe. Die Juden aber schrieen und sprachen: Lässest du diesen los, so bist du des Kaisers Freund nicht; denn wer sich zum Könige macht, der ist wider den Kaiser. Da Pilatus das Wort hörete, führete er Jesum heraus, und setzte sich auf den Richtstuhl, an der Stätte, die da heißt Hochpflaster, auf hebräisch aber Gabbatha. Es war aber Rüsttag (Freitag) in Ostern, um die sechste Stunde. Und er spricht zu den Juden: Sehet, das ist euer König! Sie schrien aber: Weg, weg mit dem, kreuzige ihn! Spricht Pilatus zu ihnen: Soll ich euren König kreuzigen? Die Hohenpriester antworteten: Wir haben keinen König, denn den Kaiser.

Da aber Pilatus sahe, daß er nichts schaffte, sondern daß viel ein größer Getümmel ward, nahm er Wasser und wusch die Hände vor dem Volke und sprach: Ich bin unschuldig an dem Blute dieses Gerechten; sehet ihr zu! Da antwortete das ganze Volk und sprach: Sein Blut komme über uns und über unsere Kinder! — Da gedachte Pilatus dem Volke genug zu thun, und urteilte, daß ihre Bitte geschehe, und gab ihnen den los, der um Aufruhr und Mords willen war ins Gefängnis geworfen, um welchen sie baten; Jesum aber, den er gegeißelt hatte, übergab er ihrem Willen, daß er gekreuziget würde.

(Joh. 18, 28—19, 16. Matth. 27, 2—23. 27—30. 24—26. Marc. 15, 1—14. 16—19. 15. Luc. 23, 1—25.)

---

6. Kreuzigung und Tod Jesu.

Da sie ihn verspottet hatten, nahmen sie Jesum, zogen ihm den Purpurmantel aus, und zogen ihm seine eigenen Kleider an, nahmen ihn und führten ihn hinaus, daß sie ihn kreuzigten. Und er trug sein Kreuz, und ging hinaus zur Stätte, die da heißet Schädelstätte, welche heißt auf hebräisch Golgatha. Und indem sie hinausgingen und ihn hinführten, fanden sie einen Menschen mit Namen Simon, von Kyrene, der ein Vater war Alexandri und Rufi, der vom Felde kam und vorüber ging; den ergriffen sie und zwangen ihn, daß er Jesu sein Kreuz nachtrüge, und legten das Kreuz auf ihn.

Es folgte ihm aber nach ein großer Haufe Volks, und Weiber, die klagten und beweineten ihn. Jesus aber wandte sich um zu ihnen, und sprach: Ihr Töchter von Jerusalem, weinet nicht über mich, sondern weinet über euch selbst und über eure Kinder. Denn siehe, es wird die Zeit kommen, in welcher man sagen wird: Selig sind die Unfruchtbaren, und die Leiber, die nicht geboren haben, und die Brüste, die nicht gesäuget haben. Dann werden sie anfangen zu sagen zu den Bergen: Fallet über uns! und zu den Hügeln: Decket uns! Denn so man das thut am grünen Holz, was will am dürren werden?

Es wurden aber auch hingeführt zween andere Übelthäter, daß sie mit ihm abgethan würden. Und da sie an die Stätte kamen, die da heißt Schädelstätte, da gaben sie ihm Myrrhen in Wein zu trinken. Und da ers schmeckete, wollte er nicht trinken, und nahms nicht zu sich. Allda kreuzigten sie ihn, und mit ihm zween Übelthäter zu beiden Seiten, einen zur Rechten und einen zur Linken; Jesum aber mitten inne. Da ward die Schrift erfüllet, die da sagt: Er ist unter die Übelthäter gerechnet. Und es war um die dritte Stunde, da sie ihn kreuzigten. Jesus aber sprach: *Vater, vergieb ihnen, denn sie wissen nicht, was sie thun!*

Die Kriegsknechte aber, da sie Jesum gekreuzigt hatten, nahmen sie seine Kleider, und machten vier Teile, einem jeglichen Kriegsknechte einen Teil, dazu auch den Rock. Der Rock aber war ungenähet, von oben an gewirket durch und durch. Da sprachen sie unter einander: Lasset uns den nicht zerteilen, sondern darum losen, wes er sein soll. Auf daß erfüllet würde die Schrift, die da saget: Sie haben meine Kleider unter sich geteilet, und haben über meinen Rock das Los geworfen. Solches thaten die Kriegsknechte, und das Volk stand und sahe zu. Und sie saßen allda und hüteten sein.

Und oben zu seinen Häupten hefteten sie die Ursache seines Todes, was man ihm Schuld gab, beschrieben. Und Pilatus schrieb die Überschrift und setzte sie auf das Kreuz; und war geschrieben: Jesus von Nazareth, der Juden König. Und es war geschrieben auf hebräische, griechische und lateinische Sprache. Diese Überschrift lasen viele Juden; denn die Stätte war nahe bei der Stadt, da Jesus gekreuziget ist. Da sprachen die Hohenpriester der Juden zu Pilato: Schreibe nicht, der Juden König, sondern daß er gesagt habe: ich bin der Juden König. Pilatus antwortete: Was ich geschrieben habe, das habe ich geschrieben.

Und die vorüber gingen, lästerten ihn, und schüttelten ihre Köpfe und sprachen: Pfui dich! wie fein zerbrichst du den Tempel Gottes, und bauest ihn in dreien Tagen! Hilf dir nun selber! bist du Gottes Sohn, so steig herab vom Kreuze! Desgleichen auch die Hohenpriester verspotteten ihn unter einander, samt den Schriftgelehrten und Ältesten, und sprachen: Andern hat er geholfen, und kann sich selber nicht helfen. Ist er Christus, der Auserwählte Gottes, der König in Israel, so steige er nun vom Kreuze, daß wir sehen, so wollen wir ihm glauben. Er hat Gott vertrauet, der erlöse ihn nun, hat er Lust zu ihm; denn er hat gesagt: Ich bin Gottes Sohn. Es verspotteten ihn auch die Kriegsknechte, traten zu ihm und sprachen: Bist du der Juden König, so hilf dir selber. Aber auch der Übelthäter einer, die da mit ihm gehenket waren, lästerte ihn und sprach: Bist du Christus, so hilf dir selbst und uns. Da antwortete der andere und strafte ihn und sprach: Und du fürchtest dich auch nicht vor Gott, der du doch in gleicher Verdammnis bist? Und zwar wir sind billig darinnen, denn wir empfangen, was unsere Thaten wert sind, dieser aber hat nichts Ungeschicktes gehandelt. Und sprach zu Jesu: Herr, gedenke an mich, wenn du in dein Reich kommst. Und Jesus sprach zu ihm: Wahrlich, ich sage dir, heute wirst du mit mir im Paradiese sein.

Es standen aber bei dem Kreuze Jesu seine Mutter, und seiner Mutter Schwester, Maria, Kleophas Weib, und Maria Magdalena. Da nun Jesus seine Mutter sahe und den Jünger dabei stehen, den er lieb hatte, spricht er zu seiner Mutter: Weib, siehe, das ist dein Sohn! Darnach spricht er zu dem Jünger: Siehe, das ist deine Mutter! Und von der Stunde an nahm sie der Jünger zu sich.

Und es war um die sechste Stunde; und von der sechsten Stunde ward eine Finsternis über das ganze Land bis zu der neunten Stunde; und die Sonne verlor ihren Schein. Und um die neunte Stunde schrie Jesus laut und sprach: Eli, Eli, lama asabthani! das ist verdolmetschet: Mein Gott, mein Gott, warum hast du mich verlassen? Und etliche, die dabei standen, die das höreten, sprachen sie: Siehe er rufet den Elias! Die andern aber sprachen: Halt, laß sehen, ob Elias komme und ihn herabnehme!

Darnach, als Jesus wußte, daß schon alles vollbracht war, daß die Schrift erfüllet würde, spricht er: Mich dürstet! Da stand ein Gefäß voll Essig. Und bald lief einer unter ihnen, nahm einen Schwamm, und füllete ihn mit Essig, und legte ihn um einen Ysopstengel, und hielt es ihm dar zum Munde und tränkete ihn. Da nun Jesus den Essig genommen hatte, sprach er: Es ist vollbracht! Und Jesus schrie abermal laut, und sprach: Vater, ich befehle meinen Geist in deine Hände! Und als er das gesagt, neigte er das Haupt und verschied.

Und siehe da, der Vorhang im Tempel zerriß mitten entzwei in zwei Stücke, von oben an bis unten aus. Und die Erde erbebte, und die Felsen zerrissen, und die Gräber thaten sich auf, und stunden auf viele Leiber der Heiligen, die da schliefen, und gingen aus den Gräbern nach seiner Auferstehung, und kamen in die heilige Stadt, und erschienen vielen. Der Hauptmann aber, der dabei stand gegen ihm über, und die bei ihm waren und bewahreten Jesum, da sie sahen was da geschah und das Erdbeben, und daß er mit solchem Geschrei verschied, erschraken sie sehr; und der Hauptmann preisete Gott und sprach: Wahrlich, dieser Mensch ist ein frommer Mensch und Gottes Sohn gewesen! Und alles Volk, das dabei war und zusahe, da sie sahen, was da geschah, schlugen sie an ihre Brust, und wandten wieder um. Es standen aber alle seine Verwandten von ferne, und viele Weiber, die da Jesu waren nachgefolget aus Galiläa, und hatten ihm gedienet, und sahen das alles; unter welchen war Maria Magdalena, und Maria, die Mutter des jüngern Jacobi, und Joses, und Salome, die Mutter der Kinder Zebedäi, und viele andere, die mit hinauf gen Jerusalem gegangen waren.

Die Juden aber, dieweil es der Rüsttag war, daß nicht die Leichname am Kreuz blieben den Sabbath über (denn desselbigen Sabbaths Tag war groß), baten sie Pilatum, daß ihre Beine gebrochen, und sie abgenommen würden. Da kamen die Kriegsknechte, und brachen dem ersten die Beine, und dem andern, der mit ihm gekreuziget war. Als sie aber zu Jesu kamen, da sie sahen, daß er schon gestorben war, brachen sie ihm die Beine nicht, sondern der Kriegsknechte einer öffnete seine Seite mit einem Speer, und alsbald ging Blut und Wasser heraus. Und der das gesehen hat, der hat es bezeuget, und sein Zeugnis ist wahr; und derselbige weiß, daß er die Wahrheit saget, auf daß auch ihr glaubet. Denn solches ist geschehen, daß die Schrift erfüllet würde: Ihr sollt ihm kein Bein zerbrechen. Und abermal spricht eine andere Schrift: Sie werden sehen, in welchen sie gestochen haben.

(Matth. 27, 31—34. 38. 35—37. 39—43. 45—56. Marc. 15, 20—41. Luc. 23, 26—34. 38. 35. 36. 39—49. Joh. 19, 16—18. 23. 24. 19—22. 25—37.)

---

7. Begräbnis Jesu.

Und siehe am Abende, dieweil es der Rüsttag war, welches ist der Vor-Sabbath, da kam ein reicher Mann von Arimathia, der Stadt der Juden, mit Namen Joseph, ein ehrbarer Ratsherr, welcher auch auf das Reich Gottes wartete, ein guter, frommer Mann, der nicht gewilliget hatte in ihren Rat und Handel, und welcher auch ein Jünger Jesu war, doch heimlich, aus Furcht vor den Juden. Der wagte es und ging hinein zu Pilato, und bat ihn um den Leichnam Jesu, daß er ihn möchte abnehmen. Pilatus aber verwunderte sich, daß er schon tot war, und rief den Hauptmann und fragte ihn, ob er längst gestorben wäre? Und als er es erkundet von dem Hauptmann, erlaubte er es und befahl, man solle den Leichnam dem Joseph geben. Und Joseph kaufte eine reine Leinwand, kam und nahm den Leib Jesu herab. Es kam aber auch Nikodemus, der vormals bei der Nacht zu Jesu gekommen war, und brachte Myrrhen und Aloe unter einander bei hundert Pfunden. Da nahmen sie den Leichnam Jesu, und wickelten ihn in leinene Tücher mit Spezereien, wie die Juden pflegen zu begraben. Es war aber an der Stätte, da er gekreuziget ward, ein Garten, und im Garten ein neues Grab, welches Joseph hatte lassen in einen Fels hauen, sein eigenes Grab, in welches niemand je geleget war. Da hinein legten sie Jesum, um des Rüsttags willen der Juden, dieweil das Grab nahe war, und der Sabbath anbrach. Es war aber allda Maria Magdalena und Maria Joses, und die Weiber, die mit ihm gekommen waren aus Galiläa, die setzten sich gegen das Grab und schaueten zu, wo und wie sein Leib geleget ward. Und Joseph wälzete einen großen Stein vor die Thür des Grabes und ging davon. Die Weiber aber kehrten um und bereiteten Spezerei und Salben. Und den Sabbath über waren sie still nach dem Gesetz.

Des andern Tages, der da folget nach dem Rüsttag, kamen die Hohenpriester und Pharisäer sämtlich zu Pilato, und sprachen: Herr, wir haben gedacht, daß dieser Verführer sprach, da er noch lebte:

Ich will nach dreien Tagen auferstehen. Darum befiehl, daß man das Grab verwahre bis an den dritten Tag, auf daß nicht seine Jünger kommen und stehlen ihn, und sagen zum Volk: Er ist auferstanden von den Toten; und werde der letzte Betrug ärger, denn der erste. Pilatus sprach zu ihnen: Da habt ihr die Hüter; gehet hin, und verwahret es, wie ihr wisset. Sie gingen hin und verwahreten das Grab mit Hütern und versiegelten den Stein.

(Joh. 19, 39—42. Matth. 27, 60—66. Marc. 15, 46. 47. Luc. 23, 53—56.)

IV.

Der kleine Katechismus

D. Martin Luthers.

Das erste Hauptstück.

Die zehn Gebote.

Das erste Gebot.

Ich bin der Herr, dein Gott.
Du sollst nicht andere Götter haben neben mir.

Was ist das?

Wir sollen Gott über alle Dinge fürchten, lieben und vertrauen.

Das zweite Gebot.

Du sollst den Namen des Herrn, deines Gottes nicht unnützlich führen; denn der Herr wird den nicht ungestraft lassen, der seinen Namen mißbraucht.

Was ist das?

Wir sollen Gott fürchten und lieben, daß wir bei seinem Namen nicht fluchen, schwören, zaubern, lügen oder trügen, sondern denselben in allen Nöten anrufen, beten, loben und danken.

Das dritte Gebot.

Du sollst den Feiertag heiligen.

Was ist das?

Wir sollen Gott fürchten und lieben, daß wir die Predigt und sein Wort nicht verachten, sondern dasselbe heilig halten, gerne hören und lernen.

Das vierte Gebot.

Du sollst deinen Vater und deine Mutter ehren, auf daß dirs wohlgehe und du lange lebest auf Erden.

Was ist das?

Wir sollen Gott fürchten und lieben, daß wir unsere Eltern und Herren nicht verachten noch erzürnen, sondern sie in Ehren halten, ihnen dienen, gehorchen, sie lieb und wert haben.

Das fünfte Gebot.

Du sollst nicht töten.

Was ist das?

Wir sollen Gott fürchten und lieben, daß wir unserm Nächsten an seinem Leibe keinen Schaden noch Leid thun, sondern ihm helfen und fördern in allen Leibesnöten.

Das sechste Gebot.

Du sollst nicht ehebrechen.

Was ist das?

Wir sollen Gott fürchten und lieben, daß wir keusch und züchtig leben in Worten und Werken und ein jeglicher sein Gemahl lieben und ehren.

Das siebente Gebot.

Du sollst nicht stehlen.

Was ist das?

Wir sollen Gott fürchten und lieben, daß wir unsers Nächsten Geld oder Gut nicht nehmen, noch mit falscher Ware oder Handel an uns bringen, sondern ihm sein Gut und Nahrung helfen bessern und behüten.

Das achte Gebot.

Du sollst nicht falsch Zeugnis reden wider deinen Nächsten.

Was ist das?

Wir sollen Gott fürchten und lieben, daß wir unsern Nächsten nicht fälschlich belügen, verraten, afterreden oder bösen Leumund machen, sondern sollen ihn entschuldigen, Gutes von ihm reden und alles zum Besten kehren.

Das neunte Gebot.

Du sollst nicht begehren deines Nächsten Haus.

Was ist das?

Wir sollen Gott fürchten und lieben, daß wir unserm Nächsten nicht mit List nach seinem Erbe oder Hause stehen, noch mit einem

Schein des Rechts an uns bringen, sondern ihm dasselbe zu behalten förderlich und dienstlich sein.

Das zehnte Gebot.

Du sollst nicht begehren deines Nächsten Weib, Knecht, Magd, Vieh, oder alles was sein ist.

Was ist das?

Wir sollen Gott fürchten und lieben, daß wir unserm Nächsten nicht sein Weib, Gesinde oder Vieh abspannen, abdringen oder abwendig machen, sondern dieselben anhalten, daß sie bleiben und thun, was sie schuldig sind.

Was sagt nun Gott von diesen Geboten allen?

Er sagt also:

Ich der Herr dein Gott bin ein eifriger Gott, der über die, so mich hassen, die Sünde der Väter heimsucht an den Kindern bis ins dritte und vierte Glied; aber denen, so mich lieben und meine Gebote halten, thue ich wohl in tausend Glied.

Was ist das?

Gott dräuet zu strafen alle, die diese Gebote übertreten. Darum sollen wir uns fürchten vor seinem Zorn, und nicht wider solche Gebote thun. Er verheißet aber Gnade und alles Gute allen, die solche Gebote halten. Darum sollen wir ihn auch lieben und vertrauen, und gerne thun nach seinen Geboten.

Das zweite Hauptstück.

Der Glaube.

Der erste Artikel.

Von der Schöpfung.

Ich glaube an Gott den Vater, den Allmächtigen, Schöpfer Himmels und der Erde.

Was ist das?

Ich glaube, daß mich Gott geschaffen hat samt allen Kreaturen, mir Leib und Seele, Augen, Ohren und alle Glieder, Vernunft und alle Sinne gegeben hat und noch erhält; dazu Kleider und Schuh, Essen und Trinken, Haus und Hof, Weib und Kind, Acker, Vieh und alle Güter; mit aller Notdurft und Nahrung dieses Leibes und Lebens reichlich und täglich versorget, wider alle Fährlichkeit beschirmet und vor allem Übel behütet und bewahret; und das alles aus lauter väterlicher, göttlicher Güte und Barmherzigkeit ohne all mein Verdienst und Würdigkeit; des alles ich ihm zu danken und zu loben und dafür zu dienen und gehorsam zu sein schuldig bin. Das ist gewißlich wahr.

Der zweite Artikel.

Von der Erlösung.

Und an Jesum Christum, seinen eingebornen Sohn, unsern Herrn, der empfangen ist vom heiligen Geist, geboren von der Jungfrau Maria, gelitten unter Pontio Pilato, gekreuziget, gestorben und begraben, niedergefahren zur Hölle, am dritten Tage wiederauferstanden von den Toten, aufgefahren gen Himmel, sitzend zur Rechten Gottes des allmächtigen Vaters, von dannen er kommen wird, zu richten die Lebendigen und die Toten.

Was ist das?

Ich glaube, daß Jesus Christus, wahrhaftiger Gott vom Vater in Ewigkeit geboren, und auch wahrhaftiger Mensch von der Jungfrau Maria geboren, sei mein Herr, der mich verlornen und verdammten Menschen erlöset hat, erworben, gewonnen von allen Sünden, vom Tode und von der Gewalt des Teufels; nicht mit Gold oder Silber, sondern mit seinem heilgen, teuren Blut und mit seinem unschuldigen Leiden und Sterben; auf daß ich sein eigen sei und in seinem Reich unter ihm lebe und ihm diene in ewiger Gerechtigkeit, Unschuld und Seligkeit; gleichwie er ist auferstanden vom Tode, lebet und regieret in Ewigkeit. Das ist gewißlich wahr.

Der dritte Artikel.

Von der Heiligung.

Ich glaube an den heiligen Geist, eine heilige allgemeine christliche Kirche, die Gemeine der Heiligen, Vergebung der Sünden, Auferstehung des Fleisches und ein ewiges Leben. Amen.

Was ist das?

Ich glaube, daß ich nicht aus eigener Vernunft noch Kraft an Jesum Christum, meinen Herrn, glauben oder zu ihm kommen kann; sondern der heilige Geist hat mich durch das Evangelium berufen, mit seinen Gaben erleuchtet, im rechten Glauben geheiliget und erhalten; gleichwie er die ganze Christenheit auf Erden berufet, sammelt, erleuchtet, heiliget und bei Jesu Christo erhält im rechten einigen Glauben; in welcher Christenheit er mir und allen Gläubigen täglich alle Sünden reichlich vergiebt und am jüngsten Tage mich und alle Toten auferwecken wird und mir samt allen Gläubigen in Christo ein ewiges Leben geben wird. Das ist gewißlich wahr.

Das dritte Hauptstück.

Das Vaterunser.

Vater unser, der du bist im Himmel.

Was ist das?

Gott will uns damit locken, daß wir glauben sollen, er sei unser rechter Vater, und wir seine rechten Kinder, auf daß wir getrost und mit aller Zuversicht ihn bitten sollen, wie die lieben Kinder ihren lieben Vater.

Die erste Bitte.

Geheiliget werde dein Name.

Was ist das?

Gottes Name ist zwar an ihm selbst heilig; aber wir bitten in diesem Gebet, daß er auch bei uns heilig werde.

Wie geschieht das?

Wo das Wort Gottes lauter und rein gelehret wird, und wir auch heilig als die Kinder Gottes darnach leben; das hilf uns, lieber Vater im Himmel. Wer aber anders lehret und lebet, denn das Wort Gottes lehret, der entheiliget unter uns den Namen Gottes; davor behüte uns, himmlischer Vater.

Die zweite Bitte.

Dein Reich komme.

Was ist das?

Gottes Reich kommt wohl ohne unser Gebet von ihm selbst; aber wir bitten in diesem Gebet, daß es auch zu uns komme.

Wie geschieht das?

Wenn der himmlische Vater uns seinen heiligen Geist giebt, daß wir seinem heiligen Worte durch seine Gnade glauben, und göttlich leben, hier zeitlich und dort ewiglich.

Die dritte Bitte.

Dein Wille geschehe, wie im Himmel, also auch auf Erden.

Was ist das?

Gottes guter, gnädiger Wille geschieht wohl ohne unser Gebet; aber wir bitten in diesem Gebet, daß er auch bei uns geschehe.

Wie geschieht das?

Wenn Gott allen bösen Rat und Willen bricht und hindert, so uns den Namen Gottes nicht heiligen und sein Reich nicht kommen lassen wollen, als da ist des Teufels, der Welt und unsers Fleisches Wille; sondern stärket und behält uns fest in seinem Wort und Glauben bis an unser Ende, das ist sein gnädiger, guter Wille.

Die vierte Bitte.

Unser täglich Brot gieb uns heute.

Was ist das?

Gott giebt täglich Brot, auch wohl ohne unsere Bitte, allen bösen Menschen; aber wir bitten in diesem Gebet, daß ers uns erkennen lasse und mit Danksagung empfangen unser täglich Brot.

Was heißt denn täglich Brot?

Alles, was zur Leibes Nahrung und Notdurft gehört, als Essen, Trinken, Kleider, Schuh, Haus, Hof, Acker, Vieh, Geld, Gut, fromm Gemahl, fromme Kinder, fromm Gesinde, fromme und treue Oberherren, gut Regiment, gut Wetter, Friede, Gesundheit, Zucht, Ehre, gute Freunde, getreue Nachbarn und desgleichen.

Die fünfte Bitte.

Und vergieb uns unsere Schuld, wie wir vergeben unsern Schuldigern.

Was ist das?

Wir bitten in diesem Gebet, daß der Vater im Himmel nicht ansehen wolle unsere Sünden, und um derselben willen solche Bitten nicht versagen; denn wir sind der keines wert, das wir bitten, habens auch nicht verdienet; sondern er wolle es uns alles aus Gnaden geben, denn wir täglich viel sündigen und wohl eitel Strafe verdienen. So wollen wir wiederum auch herzlich vergeben und gerne wohlthun denen, die sich an uns versündigen.

Die sechste Bitte.

Und führe uns nicht in Versuchung.

Was ist das?

Gott versucht zwar niemand; aber wir bitten in diesem Gebet, daß uns Gott wolle behüten und erhalten, auf daß uns der Teufel, die Welt und unser Fleisch nicht betrüge und verführe in Mißglauben, Verzweiflung und andere große Schande und Laster; und ob wir damit angefochten würden, daß wir doch endlich gewinnen und den Sieg behalten.

Die siebente Bitte.

Sondern erlöse uns von dem Übel.

Was ist das?

Wir bitten in diesem Gebet als in der Summa, daß uns der Vater im Himmel von allerlei Übel Leibes und der Seele, Gutes und Ehre erlöse, und zuletzt, wenn unser Stündlein kommt, ein seliges Ende beschere, und mit Gnaden von diesem Jammerthal zu sich nehme in den Himmel.

Denn dein ist das Reich und die Kraft und die Herrlichkeit in Ewigkeit.

Amen.

Was heißt Amen?

Daß ich soll gewiß sein, solche Bitten sind dem Vater im Himmel angenehm und erhöret. Denn er selbst hat uns geboten, also zu beten, und verheißen, daß er uns will erhören. Amen, Amen, das heißt: Ja, Ja, es soll also geschehen.

Das vierte Hauptstück.

Das Sakrament der heiligen Taufe.

Zum ersten.

Was ist die Taufe?

Die Taufe ist nicht allein schlecht Wasser, sondern sie ist das Wasser in Gottes Gebot gefasset und mit Gottes Wort verbunden.

Welches ist denn solch Wort Gottes?

Da unser Herr Christus spricht, Matthäi am letzten:

Gehet hin in alle Welt, lehret alle Völker, und taufet sie im Namen des Vaters und des Sohnes und des heiligen Geistes.

Zum andern.

Was giebt oder nützet die Taufe?

Sie wirkt Vergebung der Sünden, erlöset vom Tode und Teufel, und giebt die ewige Seligkeit allen, die es glauben, wie die Worte und Verheißung Gottes lauten.

Welches sind solche Worte und Verheißung Gottes?

Da unser Herr Christus spricht, Marci am letzten:

Wer da glaubet und getauft wird, der wird selig werden; wer aber nicht glaubet, der wird verdammt werden.

Zum dritten.

Wie kann Wasser solche große Dinge thun?

Wasser thuts freilich nicht, sondern das Wort Gottes, so mit und bei dem Wasser ist, und der Glaube, so solchem Worte Gottes im Wasser trauet; denn ohne Gottes Wort ist das Wasser schlecht Wasser und keine Taufe; aber mit dem Worte Gottes ists eine Taufe, das ist ein gnadenreich Wasser des Lebens und ein Bad der neuen Geburt im heiligen Geist; wie Sankt Paulus sagt zu Tito im dritten Kapitel:

Gott macht uns selig durch das Bad der Wiedergeburt und Erneuerung des heiligen Geistes, welchen er ausgegossen hat über uns reichlich, durch Jesum Christum unsern Heiland, auf daß wir durch desselben Gnade gerecht und Erben seien des ewigen Lebens nach der Hoffnung. Das ist gewißlich wahr.

Zum vierten.

Was bedeutet denn solch Wassertaufen?

Es bedeutet, daß der alte Adam in uns durch tägliche Reue und Buße soll ersäufet werden und sterben mit allen Sünden und bösen Lüsten; und wiederum täglich herauskommen und auferstehen ein neuer Mensch, der in Gerechtigkeit und Reinigkeit vor Gott ewiglich lebe.

Wo stehet das geschrieben?

Sankt Paulus zu den Römern am sechsten spricht:

Wir sind samt Christo durch die Taufe begraben in den Tod, auf daß, gleichwie Christus ist von den Toten auferwecket durch die Herrlichkeit des Vaters, also sollen auch wir in einem neuen Leben wandeln.

Das fünfte Hauptstück.

Das Sakrament des Altars oder das heilige Abendmahl.

Was ist das Sakrament des Altars?

Es ist der wahre Leib und Blut unsers Herrn Jesu Christi, unter dem Brot und Wein uns Christen zu essen und zu trinken von Christo selbst eingesetzt.

Wo stehet das geschrieben?

So schreiben die heiligen Evangelisten Matthäus, Markus, Lukas, und Sankt Paulus:

Unser Herr Jesus Christus, in der Nacht, da er verraten ward, nahm er das Brot, dankte und brachs und gabs seinen Jüngern und sprach: Nehmet hin und esset; das ist mein Leib, der für euch gegeben wird; solches thut zu meinem Gedächtnis.

Desselbigen gleichen nahm er auch den Kelch nach dem Abendmahl, dankte und gab ihnen den und sprach: Nehmet hin und trinket alle daraus; dieser Kelch ist das neue Testament in meinem Blut, das für euch vergossen wird zur Vergebung der Sünden; solches thut, so oft ihrs trinket, zu meinem Gedächtnis.

Was nützet denn solch Essen und Trinken?

Das zeigen uns diese Worte:

Für euch gegeben und vergossen zur Vergebung der Sünden;

nämlich, daß uns im Sakrament Vergebung der Sünden, Leben und Seligkeit durch solche Worte gegeben wird; denn wo Vergebung der Sünden ist, da ist auch Leben und Seligkeit.

Wie kann leiblich Essen und Trinken solche große Dinge thun?

Essen und Trinken thuts freilich nicht, sondern die Worte, so da stehen:

Für euch gegeben und vergossen zur Vergebung der Sünden

welche Worte sind neben dem leiblichen Essen und Trinken als das Hauptstück im Sakrament. Und wer denselben Worten glaubt, der hat, was sie sagen und wie sie lauten, nämlich: Vergebung der Sünden.

Wer empfängt denn solch Sakrament würdiglich?

Fasten und leiblich sich bereiten ist wohl eine feine äußerliche Zucht; aber der ist recht würdig und wohl geschickt, wer den Glauben hat an diese Worte:

Für euch gegeben und vergossen zur Vergebung der Sünden.

Wer aber diesen Worten nicht glaubt oder zweifelt, der ist unwürdig und ungeschickt; denn das Wort: Für euch fordert eitel gläubige Herzen.

Kirchenbeichte.

Allmächtiger Gott, barmherziger Vater! Ich armer, elender sündiger Mensch bekenne dir alle meine Sünde und Missethat, die ich begangen mit Gedanken, Worten und Werken, damit ich dich jemals erzürnt und deine Strafe zeitlich und ewiglich verdienet habe. Sie sind mir aber alle herzlich leid und reuen mich sehr, und ich bitte dich, um deiner grundlosen Barmherzigkeit und um des unschuldigen Leidens und Sterbens deines lieben Sohnes Jesu Christi willen, du wollest mir armen sündhaften Menschen gnädig und barmherzig sein, mir zu meiner Besserung deines Geistes Kraft verleihen und mir alle meine Sünde vergeben. Amen.

V.

Geistliche Volkslieder.

1.

Auf, auf, mein Herz, mit Freuden,
Nimm wahr, was heut geschicht:
Wie kommt nach großem Leiden
Nun ein so großes Licht!
Mein Heiland war gelegt
Da, wo man uns hinträgt,
Wenn von uns unser Geist
Gen Himmel ist gereist.

2. Er war ins Grab gesenket,
Der Feind trieb groß Geschrei;
Eh ers vermeint und denket,
Ist Christus wieder frei
Und ruft Viktoria!
Schwingt fröhlich hier und da
Sein Fähnlein, als ein Held,
Der Feld und Mut behält.

3. Das ist mir anzuschauen
Ein rechtes Freudenspiel.
Nun soll mir nicht mehr grauen
Vor allem, was mir will
Entnehmen meinen Mut
Zusamt dem edlen Gut,
So mir durch Jesum Christ
Aus Lieb erworben ist.

4. Ich hang und bleib auch hangen
An Christo als ein Glied:
Wo mein Haupt durch ist gangen,
Da nimmt es mich auch mit.
Er reiset durch den Tod,
Durch Welt, durch Sünd und Not;
Er reiset durch die Höll,
Ich bin stets sein Gesell.

5. Er dringt zum Saal der Ehren,
Ich folg ihm immer nach,
Und darf mich gar nicht kehren
An Not und Ungemach.
Es tobe, was da kann,
Mein Haupt nimmt mein sich an,
Mein Heiland ist mein Schild,
Der alles Toben stillt.

6. Er bringt mich an die Pforte,
Die in den Himmel führt,
Daran mit güldnem Worte
Der Spruch gelesen wird:
Wer dort wird mit verhöhnt,
Wird hier auch mit gekrönt;
Wer dort mit sterben geht,
Wird hier auch mit erhöht.

P. Gerhard, † 1676.

2.

Aus unsrer ersten Thränensaat
Ist manche Frucht entstanden
Durch unsers Heilands Gnadenrat
In nah und fernen Landen.

2. Es wurden viele ausgesät
Als wären sie verloren,
Auf ihren Beeten aber steht:
Das ist die Saat der Mohren.

3. Seid inniglich gebenedeit
Ihm, unsrer treuen Liebe,
Die ihr davongeschieden seid
In eurem Streitertriebe.

N. L. Gr. Zinzendorff, † 1760.

3.

Der beste Freund ist in dem Himmel,
Auf Erden sind die Freunde rar;
Denn bei dem falschen Weltgetümmel
Ist Redlichkeit oft in Gefahr.
Drum hab ichs immer so gemeint:
Mein Jesus ist der beste Freund.

2. Die Menschen sind wie eine Wiege,
Mein Jesus stehet felsenfest,
Daß, wenn ich gleich darniederliege,
Mich seine Freundschaft doch nicht läßt.
Er ists, der mit mir lacht und weint:
Mein Jesus ist der beste Freund.

3. Die Welt verkaufet ihre Liebe
Dem, der am meisten nützen kann,
Und scheinet dann das Glücke trübe,
So steht die Freundschaft hinten an;
Doch hier ist es nicht so gemeint:
Mein Jesus ist der beste Freund.

4. Er läßt sich selber für mich töten,
Vergießt für mich sein eigen Blut;
Er steht mir bei in allen Nöten,
Er spricht für meine Schulden gut;
Er hat mir niemals was verneint:
Mein Jesus ist der beste Freund.

5. Mein Freund, der mir sein Herze giebet,
Mein Freund, der mein und ich bin sein;
Mein Freund, der mich beständig liebet;
Mein Freund bis in das Grab hinein.
Ach, hab ichs nun nicht recht gemeint?
Mein Jesus ist der beste Freund.

6. Behalte, Welt, dir deine Freunde!
Sie sind doch gar zu wandelbar,
Und hätt ich hunderttausend Feinde,
So krümmen sie mir nicht ein Haar.
Hier immer Freund und nimmer Feind:
Mein Jesus ist der beste Freund.

B. Schmolck, † 1737.

4.

Der Mensch hat nichts so eigen,
So wohl steht ihm nichts an,
Als daß er Treu erzeigen
Und Freundschaft halten kann,
Daß er mit seinesgleichen
Soll treten in ein Band,
Versprechen, nicht zu weichen,
Mit Herzen, Mund und Hand.

2. Die Red ist uns gegeben,
Damit wir nicht allein
Für uns nur sollen leben
Und fern von Leuten sein:
Wir sollen uns befragen
Und sehn auf guten Rat,
Das Leid einander klagen,
Das uns betreten hat.

3. Was kann die Freude machen,
Die Einsamkeit verhehlt?
Das giebt ein doppelt Lachen,
Was Freunden wird erzählt.
Der kann des Leids sich wehren,
Der es von Herzen sagt:
Der muß sich selbst verzehren,
Der insgeheim sich nagt.

4. Gott stehet mir vor allen,
Die meine Seele liebt;
Dann soll mir auch gefallen,
Der mir sich herzlich giebt.
Mit diesen Bundsgesellen
Verlach ich Pein und Not,
Geh auf den Grund der Höllen
Und breche durch den Tod.

5. Ich hab, ich habe Herzen
So treu wie sichs gebührt,
Die Heuchelei und Scherzen
Nie wissentlich berührt!
Ich bin auch ihnen wieder
Von Grund der Seelen hold;
Ich lieb euch mehr, ihr Brüder,
Als alles Erdengold.

S. Dach, † 1659.

5.

Der Mond ist aufgegangen,
Die goldnen Sternlein prangen
Am Himmel hell und klar;
Der Wald steht schwarz und schweiget,
Und aus den Wiesen steiget
Der weiße Nebel wunderbar.

2. Wie ist die Welt so stille
Und in der Dämmrung Hülle
So traulich und so hold,
Als eine stille Kammer,
Wo ihr des Tages Jammer
Verschlafen und vergessen sollt.

3. Seht ihr den Mond dort stehen?
Er ist nur halb zu sehen,
Und ist doch rund und schön!
So sind wohl manche Sachen,
Die wir getrost verlachen,
Weil unsre Augen sie nicht sehn.

4. Wir stolze Menschenkinder
Sind eitel arme Sünder
Und wissen gar nicht viel.
Wir spinnen Luftgespinste
Und suchen viele Künste
Und kommen weiter von dem Ziel.

5. Gott, laß dein Heil uns schauen,
Auf nichts Vergänglichs bauen,
Nicht Eitelkeit uns freun!
Laß uns einfältig werden
Und vor dir hier auf Erden
Wie Kinder fromm und fröhlich sein.

6. Wollst endlich sonder Grämen
Aus dieser Welt uns nehmen
Durch einen sanften Tod:
Und wenn du uns genommen,
Laß uns in Himmel kommen,
Du unser Herr und unser Gott!

7. So legt euch denn, ihr Brüder,
In Gottes Namen nieder,
Kalt ist der Abendhauch.
Verschon uns, Gott, mit Strafen
Und laß uns ruhig schlafen
Und unsern kranken Nachbar auch.

M. Claudius, † 1815.

6.

Die Himmel rühmen des Ewigen Ehre;
Ihr Schall pflanzt seinen Namen fort.
Ihn rühmt der Erdkreis, ihn preisen die Meere;
Vernimm, o Mensch, ihr göttlich Wort!

2. Wer trägt der Himmel unzählbare Sterne?
Wer führt die Sonn aus ihrem Zelt?
Sie kommt und leuchtet und lacht uns von ferne
Und läuft den Weg gleich als ein Held.

3. Vernimms und siehe die Wunder der Werke,
Die die Natur dir aufgestellt.
Verkündigt Weisheit und Ordnung und Stärke
Dir nicht den Herrn, den Herrn der Welt?

4. Kannst du der Wesen unzählbare Heere,
Den kleinsten Staub fühllos beschaun?
Durch wen ist alles? O gieb ihm die Ehre!
Mir, ruft der Herr, sollst du vertraun.

5. Mein ist die Kraft, mein Himmel und Erde,
An meinen Werken kennst du mich.
Ich bins und werde sein, der ich sein werde,
Dein Gott und Vater ewiglich.

6. Ich bin dein Schöpfer, bin Weisheit und Güte,
Ein Gott der Ordnung und dein Heil;
Ich bins, mich liebe von ganzem Gemüte
Und nimm an meiner Gnade teil.

Ch. F. Gellert, † 1769.

7.

Die Sach ist dein, Herr Jesu Christ,
Die Sach an der wir stehn,
Und weil es deine Sache ist,
Kann sie nicht untergehn.
Allein das Weizenkorn, bevor
Es fruchtbar sproßt zum Licht empor,
Wird sterbend in der Erde Schoß
Vorher vom eignen Wesen los;
Im Sterben los,
Vom eignen Wesen los.

2. Du gingst, o Jesu, unser Haupt,
Durch Leiden himmelan,
Und führest jeden, der da glaubt,
Mit dir die gleiche Bahn.
Wohlan, so führ uns allzugleich
Zum Teil am Leiden und am Reich;
Führ uns durch deines Todes Thor
Samt deiner Sach zum Licht empor;
Zum Licht empor
Durch deines Todes Thor.

S. Preiswerk, † 1871.

8.

Es ist ein Reis entsprungen
Aus einer Wurzel zart,
Wie uns die Alten sungen,
Von Jesse kam die Art,
Und hat ein Blümlein bracht
Mitten im kalten Winter
Wohl zu der halben Nacht.

2. Das Blümlein, das ich meine,
Davon Jesaja sagt,
Hat uns gebracht alleine
Marie, die reine Magd.
Aus Gottes ewgem Rat
Hat sie ein Kind geboren
Wohl zu der halben Nacht.

3. Den Hirten bei den Schafen
Erschien ein Engel klar:
Ihr sollt jetzund nicht schlafen;
Das sag ich euch fürwahr
Von einem Kindelein,
Jetzund wird es geboren
Von einer Jungfrau rein.

4. Die Hirten zu der Stunden
Hoben sich auf die Fahrt,
Das Kindlein bald sie funden
Mit seiner Mutter zart.
Die Engel sangen schön,
Sie lobten Gott vom Himmel
In seinem höchsten Thron.

5. So singen wir all Amen,
Das heißt: nun werd es wahr,
Das wir begehrn zusammen:
O Jesu, hilf uns dar
In deines Vaters Reich,
Da wollen wir dich loben.
O Gott, uns das verleih!

Vor 1600.

9.

Großer Gott, wir loben dich!
Herr, wir preisen deine Stärke!
Vor dir neigt die Erde sich
Und bewundert deine Werke.
Wie du warst vor aller Zeit,
So bleibst du in Ewigkeit.

2. Alles, was dich preisen kann,
Cherubim und Seraphinen
Stimmen dir ein Loblied an;
Alle Engel, die dir dienen,
Rufen dir in selger Ruh
Heilig, heilig, heilig zu.

3. Heilig, Herr Gott Zebaoth!
Heilig, Herr der Kriegesheere!
Starker Helfer in der Not!
Himmel, Erde, Luft und Meere
Sind erfüllt von deinem Ruhm;
Alles ist dein Eigentum.

4. Sieh dein Volk in Gnaden an,
Hilf uns, segne, Herr, dein Erbe,
Leit uns auf der rechten Bahn,
Daß der Feind es nicht verderbe.
Hilf, daß es durch Buß und Flehn
Dich im Himmel möge sehn.

5. Alle Tage wollen wir
Dich und deinen Namen preisen
Und zu allen Zeiten dir
Ehre, Lob und Dank erweisen.
Gieb, daß wir von Sünden heut
Und von Unfall sein befreit!

6. Herr erbarm, erbarme dich!
Über uns, Herr, sei dein Segen!
Leit und schütz uns väterlich,
Bleib bei uns auf allen Wegen!
Auf dich hoffen wir allein,
Laß uns nicht verloren sein!

1783.

10.

Harre, meine Seele, harre des Herrn!
Alles ihm befehle, hilft er doch so gern.
Sei unverzagt! Bald der Morgen tagt,
Und ein neuer Frühling folgt dem Winter nach.
In allen Stürmen, in aller Not
Wird er dich beschirmen, der treue Gott.

2. Harre, meine Seele, harre des Herrn!
Alles ihm befehle, hilft er doch so gern.
Wenn alles bricht, Gott verläßt uns nicht:
Größer, als der Helfer, ist die Not ja nicht.
Ewige Treue, Retter in Not,
Rett auch unsre Seele, du treuer Gott!

F. Raeder, † 1872.

11.

Ich bete an die Macht der Liebe,
Die sich in Jesu offenbart;
Ich geb mich hin dem freien Triebe,
Mit dem ich Wurm geliebet ward.
Ich will, anstatt an mich zu denken,
Ins Meer der Liebe mich versenken.

2. Wie bist du mir so sehr gewogen,
Und wie verlangt dein Herz nach mir!
Durch Liebe sanft und stark gezogen,
Neigt sich mein alles auch zu dir.
Du traute Liebe, gutes Wesen,
Du hast mich, ich hab dich erlesen.

3. Für dich sei ganz mein Herz und Leben,
Erlöser, du mein einzig Gut.
Für dich hast du mirs nur gegeben,
In dir es nur und selig ruht.
Hersteller meines tiefen Falles,
Für dich ist ewig Herz und alles.

4. O Jesu, daß dein Name bliebe
Im Geist mir, drück ihn tief hinein!
Laß deine süße Jesusliebe
In Herz und Sinn gepräget sein!
In Wort und Werk, in allem Wesen
Sei Jesus und sonst nichts zu lesen!

G. Tersteegen, † 1769.

12.

Ich sag es jedem, daß er lebt
Und auferstanden ist,
Daß er in unsrer Mitte schwebt
Und ewig bei uns ist.

2. Ich sag es jedem, jeder sagt
Es seinen Freunden gleich,
Daß bald an allen Orten tagt
Das neue Himmelreich.

3. Jetzt scheint die Welt dem neuen Sinn
Erst wie ein Vaterland.
Ein neues Leben nimmt man hin
Entzückt aus seiner Hand.

4. Hinunter in das tiefe Meer
Versank des Todes Graun,
Und jeder kann nun leicht und hehr
In seine Zukunft schaun.

5. Der dunkle Weg, den er betrat,
Geht in den Himmel aus,
Und wer nur hört auf seinen Rat,
Kommt auch ins Vaterhaus.

6. Nun weine keiner mehr allhie,
Wenn eins die Augen schließt;
Vom Wiedersehn, spät oder früh,
Wird dieser Schmerz versüßt.

7. Es kann zu jeder guten That
Ein jeder frischer glühn;
Denn herrlich wird ihm diese Saat
Auf schönern Fluren blühn.

8. Er lebt und wird nun bei uns sein,
Wenn alles uns verläßt;
Und so soll dieser Tag uns sein
Ein Weltverjüngungsfest.

F. L. v. Hardenberg, † 1801.

13.

Immer muß ich wieder lesen
In dem alten heilgen Buch,
Wie er ist so sanft gewesen,
Ohne List und ohne Trug.

2. Wie er hieß die Kindlein kommen,
Wie er hold sie angeblickt
Und sie in den Arm genommen
Und sie an das Herz gedrückt!

3. Wie er Hülfe und Erbarmen
Allen Kranken gern erwies
Und die Blöden und die Armen
Seine lieben Brüder hieß.

4. Wie er keinem Sünder wehrte,
Der bekümmert zu ihm kam,
Wie er freundlich ihn bekehrte
Und den Tod vom Herzen nahm.

5. Hat die Herde sanft geleitet,
Die sein Vater ihm verliehn,
Hat die Arme ausgebreitet,
Alle an sein Herz zu ziehn.

6. Immer muß ich wieder lesen,
Les und weine mich nicht satt,
Wie er ist so treu gewesen,
Wie er uns geliebet hat.

Luise Hensel, † 1876.

14.

Laßt mich gehn, laßt mich gehn,
Daß ich Jesum möge sehn!
Meine Seel ist voll Verlangen,
Ihn auf ewig zu umfangen
Und vor seinem Thron zu stehn.

2. Süßes Licht, süßes Licht,
Sonne, die durch Wolken bricht:
O, wann werd ich dahin kommen,
Daß ich dort mit allen Frommen
Schau dein holdes Angesicht!

3. Ach wie schön, ach wie schön
Ist der Engel Lobgetön!
Hätt ich Flügel, hätt ich Flügel,
Flög ich über Thal und Hügel
Heute noch nach Zions Höhn!

4. Wie wirds sein, wie wirds sein,
Wenn ich zieh in Salem ein,
In die Stadt der goldnen Gassen
— Herr, mein Gott, ich kanns nicht fassen,
Was das wird für Wonne sein!

5. Paradies, Paradies,
Wie ist deine Frucht so süß!
Unter deinen Lebensbäumen
Wird uns sein, als ob wir träumen:
Bring uns, Herr, ins Paradies.

G. F. L. Knak, † 1878.

15.

Müde bin ich, geh zur Ruh,
Schließe beide Äuglein zu:
Vater, laß die Augen dein
Über meinem Bette sein.

2. Hab ich Unrecht heut gethan,
Sieh es, lieber Gott, nicht an.
Deine Gnad und Jesu Blut
Macht ja allen Schaden gut.

3. Alle, die mir sind verwandt,
Gott, laß ruhn in deiner Hand;

Alle Menschen, groß und klein,
Sollen dir befohlen sein.

4. Kranken Herzen sende Ruh,
Nasse Augen schließe zu.
Laß den Mond am Himmel stehn
Und die stille Welt besehn.

Luise Hensel, † 1876.

16.

O du fröhliche, o du selige, gnadenbringende Weihnachtszeit!
Welt ging verloren, Christ ist geboren:
Freue, freue dich, o Christenheit!

2. O du fröhliche, o du selige, gnadenbringende Weihnachtszeit!
Christ ist erschienen uns zu versühnen:
Freue, freue dich, o Christenheit!

3. O du fröhliche, o du selige, gnadenbringende Weihnachtszeit!
König der Ehren, dich wolln wir hören!
Freue, freue dich, o Christenheit!

O du fröhliche, o du selige, gnadenbringende Osterzeit!
Welt lag in Banden, Christ ist erstanden,
Freue, freue dich, o Christenheit!

2. O du fröhliche, o du selige, gnadenbringende Osterzeit!
Tod ist bezwungen, Leben errungen,
Freue, freue dich, o Christenheit!

3. O du fröhliche, o du selige, gnadenbringende Osterzeit!
Kraft ist gegeben, Ihm laßt uns leben!
Freue, freue dich, o Christenheit!

O du fröhliche, o du selige, gnadenbringende Pfingstenzeit!
Christ unser Meister heiligt die Geister,
Freue, freue dich, o Christenheit!

2. O du fröhliche, o du selige, gnadenbringende Pfingstenzeit!
Führ, Geist der Gnade, uns deine Pfade,
Freue, freue dich, o Christenheit!

3. O du fröhliche, o du selige, gnadenbringende Pfingstenzeit!
Uns die Erlösten, Geist, willst du trösten,
Freue, freue dich, o Christenheit!

J. Falk, † 1826.

17.

Ostern, Ostern, Frühlingswehen!
Ostern, Ostern, Auferstehen
:,: Aus der tiefen Grabesnacht! :,:
Blumen sollen fröhlich blühen,
Herzen sollen heimlich glühen,
Denn der Heiland ist erwacht!

2. Trotz euch, höllische Gewalten!
Hättet ihn wohl gern behalten,
:,: Der euch in den Abgrund zwang? :,:
Mochtet ihr das Leben binden?
Aus des Todes düstern Gründen
Dringt hinan sein ewger Gang.

3. Der im Grabe lag gebunden,
Hat den Satan überwunden,
:,: Und der lange Kerker bricht. :,:

Frühling spielet auf der Erden,
Frühling solls im Herzen werden,
Herrschen soll das ewge Licht.

4. Alle Schranken sind entriegelt,
Alle Hoffnung ist versiegelt
:,: Und beflügelt jedes Herz. :,:
Und es klagt bei keiner Leiche
Nimmermehr der kalte, bleiche,
Gottverlaßne Heidenschmerz.

5. Alle Gräber sind nun heilig,
Grabesträume schwinden eilig
:,: Seit im Grabe Jesus lag. :,:
Jahre, Monde, Tage, Stunden,
Zeit und Raum wie schnell verschwunden!
Und es scheint ein ewger Tag.

M. v. Schenkendorf, † 1817.

18.

Schönster Herr Jesu,
Herrscher aller Enden,
Gottes und Marien Sohn!
Dich will ich lieben,
Dich will ich ehren,
Meines Herzens Freud und Kron.

2. Schön sind die Wälder,
Schöner sind die Felder
In der schönen Frühlingszeit!
Jesus ist schöner,
Jesus ist reiner,
Der unser traurig Herz erfreut.

3. Schön leucht die Sonne,
Schön leucht der Monde
Und die Sternlein allzumal.
Jesus leucht schöner,
Jesus leucht reiner
Als all Engel im Himmelssaal.

4. Schön sind die Blumen,
Schöner sind die Menschen,
Die in frischer Jugend sein.
Sie müssen sterben,
Müssen verderben:
Jesus lebt in Ewigkeit.

5. Alle die Schönheit
Himmels und der Erden
Sind verfaßt in dir allein.
Keiner soll werden
Lieber auf Erden,
Als der schönste Jesus mein.

Aus dem 17. Jahrhundert.

19.

So nimm denn meine Hände
Und führe mich
Bis an mein selig Ende
Und ewiglich.
Ich mag allein nicht gehen,
Nicht einen Schritt:
Wo du wirst gehn und stehen,
Da nimm mich mit.

2. In dein Erbarmen hülle
Mein schwaches Herz,
Und mach es gänzlich stille
In Freud und Schmerz.
Laß ruhn zu deinen Füßen
Dein armes Kind.
Es will die Augen schließen
Und glauben blind.

3. Wenn ich auch gleich nichts fühle
Von deiner Macht,
Du führst mich doch zum Ziele
Auch durch die Nacht.
So nimm denn meine Hände
Und führe mich
Bis an mein selig Ende
Und ewiglich.

J. v. Haußmann.

20.

Stille Nacht, heilige Nacht!
Alles schläft, einsam wacht
Nur das heilige Elternpaar,
Das im Stalle zu Bethlehem war,
Bei dem himmlischen Kind! :,:

2. Stille Nacht, heilige Nacht!
Hirten erst kund gemacht,
Durch der Engel Hallelujah
Tönt es laut von fern und nah:
Christ, der Retter, ist da! :,:

3. Stille Nacht, heilige Nacht!
Gottes Sohn, o wie lacht
Lieb aus deinem göttlichen Mund!
Da schlägt uns die rettende Stund,
Christ, in deiner Geburt! :,:

J. Mohr, 1818.

21.

Tochter Zion, freue dich,
Jauchze laut, Jerusalem!
Sieh, dein König kommt zu dir,
Ja er kommt, der Friedefürst.

2. Hosianna, Davids Sohn,
Sei gesegnet deinem Volk!
Gründe nun dein ewig Reich,
Hosianna in der Höh!

3. Hosianna, Davids Sohn!
Sei gegrüßet, König mild!
Ewig steht dein Friedensthron,
Du, des ewgen Vaters Kind!
Hosianna, Davids Sohn!
Sei gegrüßet, König mild.

1746.

22.

Vater, deines Geistes Wehen
Durch die ganze Christenheit
Läßt uns schon von ferne sehen
Deines Reiches Herrlichkeit;
Denn dein Wort wird ausgespendet
Durch die ganze weite Welt,
Millionenweis gesendet
Auf das große Ackerfeld.

2. Bald wird dieser Same blühen
Allenthalben hoch und hehr,
Denn Evangelisten ziehen
Über Inseln, Land und Meer.
Um die Saaten zu begießen,
Geist der Pfingsten, komm herab!
Laß die Lebensströme fließen
Bis zum Grabe tief hinab.

3. Sei gegrüßt, du ewger Morgen,
Steige, Sonne, bald empor!
Weicht nun all ihr bangen Sorgen,
Glanz des Herrn, brich schnell hervor!
Seht, der Berge Spitzen glühen
Schon im ewgen Morgenlicht
Und die Frühlingsblumen blühen:
Brüder, alle, zweifelt nicht!

J. H. Jung-Stilling, † 1817.

23.

Voller Wunder, voller Kunst,
Voller Weisheit, voller Kraft,
Voller Hulde, Gnad und Gunst,
Voller Labsal, Trost und Saft,
Voller Wunder, sag ich noch,
Ist der keuschen Liebe Joch.

2. Die sich nach dem Angesicht
Niemals hiebevor gekannt,

Auch sonst im geringsten nicht
Mit Gedanken zugewandt,
Deren Herzen, deren Hand
Knüpft Gott in ein Liebesband.

3. Hier wächst ein geschickter Sohn,
Dort ein edle Tochter zu:
Eines ist des andern Kron,
Eines ist des andern Ruh,
Eines ist des andern Licht,
Wissens aber beide nicht.

4. Bis solang es dem beliebt,
Der die Welt im Schoße hält,
Und zur rechten Stunde giebt
Jedem, was ihm wohlgefällt.
Da erscheint in Werk und That
Der so tief verborgne Rat.

5. Jeder findet, jeder nimmt,
Was der Höchst ihm auserſehn:
Was im Himmel ist bestimmt,
Pflegt auf Erden zu geschehn,
Und was dann nun so geschicht,
Das ist sehr wohl ausgericht.

6. Laß zusammen was Gott fügt,
Der weiß, wies am besten sei.
Unser Denken fehlt und trügt,
Sein Gedank ist Mangels frei,
Gottes Werk hat festen Fuß,
Wenn sonst alles fallen muß.

7. Siehe frommen Kindern zu,
Die im heilgen Stande stehn,
Wie so wohl Gott ihnen thu,
Wie so schön er lasse gehn
Alle Thaten ihrer Händ
Auf ein gutes selges End.

8. Ihrer Tugend werter Ruhm
Steht in steter voller Blüt,
Wenn sonst aller Liebe Blum
Als ein Schatten sich verzieht;
Und wenn aufhört alle Treu,
Ist doch ihre Treue neu.

9. Ihre Lieb ist immer frisch
Und verjüngt sich fort und fort,
Liebe zieret ihren Tisch
Und versüßet alle Wort;
Liebe giebt dem Herzen Rast
In der Müh- und Sorgenlast.

10. Gehts nicht allzeit, wie es soll,
Ist doch diese Liebe still,
Hält sich in dem Kreuze wohl,
Denkt, es sei des Herren Will,
Und versichert sich mit Freud
Einer künftgen bessern Zeit.

11. Unterdessen geht und fleußt
Gottes reicher Segen-Bach,
Speist die Leiber, tränkt den Geist,
Stärkt des Hauses Grund und Dach,
Und was klein, gering und bloß,
Macht er mächtig, viel und groß.

12. Endlich, wenn nun ganz vollbracht,
Was Gott hier in dieser Welt
Frommen Kindern zugedacht,
Nimmt er sie ins Himmels-Zelt,
Und drückt sie mit großer Lust
Selbst an seinen Mund und Brust.

13. Nun so bleibt ja voller Gunst,
Voller Labsal, Trost und Saft,
Voller Wunder, voller Kunst,
Voller Weisheit, voller Kraft,
Voller Wunder, sag ich noch,
Bleibt der keuschen Liebe Joch.

P. Gerhard, † 1676.

24.

Was ist die Macht, was ist die Kraft,
Des Christen stolze Ritterschaft,
Der Schild und Schirm und Schmuck der Ehren,
Die unbestochne Wehr der Wehren,
In jeder Not und Fahr der Hort?
Das ist das Wort, das feste Wort!

2. Was kann wie ein zweischneidig Schwert,
Das blinkend aus der Scheide fährt,
Mark und Gebein im Nu zerschneiden,
Die Geister und die Leiber scheiden?
Was hat so freißlich scharfen Ort?
Das ist das Wort, das feste Wort.

3. Was braust daher wie Windesbraut
Und überdonnert Donners Laut?
Was donnert in der Sünder Ohren
Gleich einem Schwur von Gott geschworen?
Was ists, das durch die Seele bohrt?
Das ist das Wort, das feste Wort.

4. Was säuselt wie ein Westenwind
Vom Frühlingshimmel sanft und lind?
Was säuselt liebreich durch die Herzen
Ein Trost und Balsam aller Schmerzen?
Was wehet alle Sorgen fort?
Das ist das Wort, das feste Wort.

5. O Wort der Macht, o Wort der Kraft,
Das so gewaltig wirkt und schafft,
O Wort der Schrecken und der Freuden,
Zum Heilen mächtig und Zerschneiden,
Du warest eh als Zeit und Ort,
Du starkes Wort, du festes Wort.

6. O Wort der Macht, o Wort der Kraft,
Du meines Herzens Ritterschaft,
Wollst ewig in und bei mir bleiben,
Durch Donner und durch Säuseln treiben
Zum rechten Kampfe fort und fort,
Mein starkes Wort, mein festes Wort!

E. M. Arndt, † 1860.

25.

Was macht ihr, daß ihr weinet
Und brechet mir mein Herz?
Im Herrn sind wir vereinet
Und bleiben's allerwärts.
Das Band, das uns verbindet,
Löst weder Zeit noch Ort;
Was in dem Herrn sich findet,
Das währt in ihm auch fort.

2. Man reicht sich wohl die Hände,
Als sollts geschieden sein
Und bleibt doch ohne Ende
Im innigsten Verein.
Man sieht sich an, als sähe
Man sich zum letzten Mal,
Und bleibt in gleicher Nähe
Dem Herrn doch überall.

3. Man spricht: ich hier, du dorten,
Du ziehest und ich bleib;
Und ist doch aller Orten
Ein Glied an Einem Leib.
Man spricht vom Scheidewege
Und grüßt sich einmal noch,
Und geht auf Einem Wege
In Einer Richtung doch.

4. Was sollen wir nun weinen
Und so gar traurig sehn?
Wir kennen ja den Einen,
Mit dem wir alle gehn.
In Einer Hut und Pflege,
Geführt von Einer Hand,
Auf Einem sichern Wege
Ins Eine Vaterland.

5. So sei denn diese Stunde
Nicht schwerem Trennungsleid,
Nein, einem neuen Bunde
Mit unserm Herrn geweiht.
Wenn wir uns ihn erkoren
Zu unserm höchsten Gut,
Sind wir uns nicht verloren,
Wie weh auch Scheiden thut.

K. Spitta, † 1859.

26.

Weil ich Jesu Schäflein bin,
Freu ich mich nur immerhin
Über meinen guten Hirten,
Der mich schön weiß zu bewirten,
Der mich liebet, der mich kennt
Und bei meinem Namen nennt.

2. Unter seinem sanften Stab
Geh ich ein und aus und hab
Unaussprechlich süße Weide,
Daß ich keinen Mangel leide,
Und so oft ich durstig bin,
Führt er mich zum Brunnquell hin.

3. Sollt ich denn nicht fröhlich sein,
Ich beglücktes Schäfelein?
Denn nach diesen schönen Tagen
Werden Engel heim mich tragen
In des Hirten Arm und Schoß.
Amen! Ja, mein Glück ist groß!

Louise v. Hahn, † 1782.

27.

Wenn alle untreu werden,
So bleib ich dir doch treu,
Daß Dankbarkeit auf Erden
Nicht ausgestorben sei!
Für mich umfing dich Leiden,
Vergingst für mich in Schmerz,
Drum geb ich dir mit Freuden
Auf ewig dieses Herz.

2. Oft muß ich bitter weinen,
Daß du gestorben bist,
Und mancher von den Deinen
Dich lebenslang vergißt.
Von Liebe nur durchdrungen,
Hast du so viel gethan,
Und doch bist du verklungen,
Und keiner denkt daran.

3. Du stehst voll treuer Liebe
Noch immer jedem bei,
Und wenn dir keiner bliebe,
So bleibst du dennoch treu.
Die treuste Liebe sieget,
Am Ende fühlt man sie,
Weint bitterlich und schmieget
Sich kindlich an dein Knie.

4. Ich habe dich empfunden;
O lasse nicht von mir!
Laß innig mich verbunden
Auf ewig sein mit dir!
Einst schauen meine Brüder
Auch wieder himmelwärts
Und sinken liebend nieder
Und fallen dir ans Herz.

F. v. Hardenberg, † 1801.

28.

Wenn ich Ihn nur habe,
Wenn er mein nur ist,
Wenn mein Herz bis hin zum Grabe
Seine Treue nie vergißt:
Weiß ich nichts von Leide,
Fühle nichts, als Andacht, Lieb und Freude.

2. Wenn ich Ihn nur habe,
Laß ich alles gern,
Folg an meinem Wanderstabe
Treugesinnt nur meinem Herrn;
Lasse still die andern
Breite, lichte, volle Straßen wandern.

3. Wo ich Ihn nur habe,
Ist mein Vaterland;
Und es fällt mir jede Gabe
Wie ein Erbteil in die Hand.
Längst vermißte Brüder
Find ich nun in seinen Jüngern wieder.

F. v. Hardenberg, † 1801.

29.

Wer ist ein Mann? Wer beten kann
Und Gott dem Herrn vertraut;
Wann alles bricht, er zaget nicht:
Dem Frommen nimmer graut.

2. Wer ist ein Mann? Wer glauben kann
Inbrünstig, wahr und frei;
Denn diese Wehr bricht nimmermehr,
Die bricht kein Mensch entzwei.

3. Wer ist ein Mann? Wer lieben kann
Von Herzen fromm und warm:
Die heilge Glut giebt hohen Mut
Und stärkt mit Stahl den Arm.

4. Dies ist der Mann, der streiten kann
Für Weib und liebes Kind;
Der kalten Brust fehlt Kraft und Lust,
Und ihre That wird Wind.

5. Dies ist der Mann, der sterben kann
Für Freiheit, Pflicht und Recht;
Dem frommen Mut däucht alles gut,
Es geht ihm nimmer schlecht.

6. Dies ist der Mann, der sterben kann
Für Gott und Vaterland,
Er läßt nicht ab bis an das Grab
Mit Herz und Mund und Hand.

7. So, deutscher Mann, so, freier Mann,
Mit Gott dem Herrn zum Krieg!
Denn Gott allein kann Helfer sein,
Von Gott kommt Glück und Sieg.

E. M. Arndt, † 1860.

30.

Wer nur mit seinem Gott verreiset,
Der findet immer Bahn gemacht,
Weil er ihm lauter Wege weiset,
Auf welchen stets sein Auge wacht.
Hier gilt die Losung früh und spat:
Wohl dem, der Gott zum Führer hat.

2. Gott hat sich gar zu sehr verbunden,
Daß er will bei den Seinen sein;
Kein Ort wird in der Welt gefunden,
Er zieht mit ihnen aus und ein
Durch Feuers- und durch Wassersnot,
Auch selbsten mitten durch den Tod.

3. Er leitet uns mit seinen Augen,
Er gängelt uns mit seiner Hand.
Wenn Luft und Wetter nicht mehr taugen,
So überdeckt uns sein Gewand;
Ja seine Liebe kann allein
Der beste Schirm im Sturme sein.

4. Wir reisen, Herr, in deinem Namen:
Sei du Gefährte, Weg und Stab.
Die Helden, die zu Jakob kamen,
Send auch zu unserm Schutz herab;

Mach Aus- und Eingang so beglückt,
Daß uns kein Fall das Ziel verrückt.

5. Bleib bei uns, wenns will Abend werden;
Gieb Licht durch deine Gegenwart,
Sei unser Leitstern hier auf Erden;
Und ist der Kreuzsteg schwer und hart,
So tröst uns mit der Rosenbahn,
Die man dort oben wandeln kann.

6. Wirst du mit uns auf diesem Wege
Durch deinen Schutz und Leitung sein,
Und auch indessen deine Pflege
Den Hinterlassenen verleihn,
So soll das unser Opfer sein:
Gelobet sei der Herr allein!

7. Wir wollen einen Altar bauen,
Der Eben-Ezer heißen soll;
Daran soll man die Worte schauen:
Gott führet seine Kinder wohl.
Und also findt die Losung statt:
Wohl dem, der Gott zum Führer hat!

B. Schmolck, † 1737.

31.

Wie mit grimmgem Unverstand
Wellen sich bewegen!
Nirgends Rettung, nirgends Land
Vor des Sturmwinds Schlägen!
Einer ists, der in der Nacht,
Einer ists, der uns bewacht:
Christ in der Höh, du wandelst auf der See!

2. Wie vor unserm Angesicht
Mond und Sterne schwinden!
Wenn des Schiffleins Ruder bricht,
Wo dann Rettung finden?
Keine Hülf als bei dem Herrn:
Er ist uns der Morgenstern.
Christ in der Höh, erschein uns auf der See!

3. Nach dem Sturme fahren wir
Sicher durch die Wellen,
Lassen, großer Schöpfer, dir
Unser Lob erschallen;
Lobet ihn mit Herz und Mund,
Lobet ihn zu jeder Stund!
Christ in der Höh, ja, dir gehorcht die See!

4. Einst in meiner letzten Not
Laß mich nicht versinken!
Soll ich von dem bittern Tod
Well auf Welle trinken:
Reiche mir dann liebentbrannt,
Herr, Herr, deine Glaubenshand!
Christ in der Höh, komm zu uns auf die See!

J. Falk, † 1826.

32.

Wie sie so sanft ruhn, alle die Seligen
Von ihrer Arbeit, die sie in Gott gethan,
Und ihre Werke folgen ihnen
Nach in des ewigen Friedens Hütten!

2. Von ihren Augen wischt er die Thränen ab,
Sie kommen freudig, bringen die Garben ein,
Die weinend gingen, edlen Samen
Trugen in Hoffnung, in Lieb und Glauben.

3. Wenn einst die Stimme wieder sie auferweckt
Des Menschensohnes, die durch die Gräber dringt,

Dann wird, was irdisch und verweslich,
Himmlisch und jugendlich auferstehen.

4. Preis, Ruhm und Ehre sei dir, o Gott, gebracht
Für deine Werke, die du an uns gethan:
Daß, wie in Einem alle sterben,
Also in Einem sie wieder leben.

S. D. Roller, † 1850.

33.

Wir pflügen und wir streuen
Den Samen auf das Land,
Doch Wachstum und Gedeihen
Steht in des Himmels Hand:
Der thut mit leisem Wehen
Sich mild und heimlich auf,
Und träuft, wenn heim wir gehen,
Wuchs und Gedeihen drauf.

2. Er sendet Tau und Regen
Und Sonn und Mondenschein,
Und wickelt seinen Segen
Gar zart und künstlich ein,
Und bringt ihn dann behende
In unser Feld und Brot:
Es geht durch unsre Hände,
Kommt aber her von Gott.

3. Was nah ist und was ferne,
Von Gott kommt alles her,
Der Strohhalm und die Sterne,
Das Sandkorn und das Meer.
Von ihm sind Büsch und Blätter
Und Korn und Obst, von ihm
Das schöne Frühlingswetter
Und Schnee und Ungestüm.

4. Er läßt die Sonn aufgehen,
Er stellt des Mondes Lauf;
Er läßt die Winde wehen
Und thut die Wolken auf.
Er schenkt uns soviel Freude,
Er macht uns frisch und rot;
Er giebt dem Viehe Weide
Und seinen Menschen Brot.

M. Claudius, † 1815.

34.

Wo findet die Seele die Heimat, die Ruh?
Wer deckt sie mit schützenden Fittichen zu?
Ach, bietet die Welt keine Freistatt uns an,
Wo Sünde nicht herrschen, nicht anfechten kann?
:,: Nein, nein, :,: hier ist sie nicht:
Die Heimat der Seele ist droben im Licht.

2. Verlasset die Erde, die Heimat zu sehn,
Die Heimat der Seele so herrlich, so schön!
Jerusalem droben, von Golde erbaut,
Ist dieses die Heimat der Seele, der Braut?
:,: Ja, ja, :,: dieses allein
Kann Ruhplatz und Heimat der Seele nur sein.

3. Wie selig die Ruhe bei Jesu im Licht!
Tod, Sünde und Schmerzen, die kennt man dort nicht;
Das Rauschen der Harfen, der liebliche Klang
Bewillkommt die Seele mit süßem Gesang.
:,: Ruh, Ruh, :,: himmlische Ruh
Im Schoße des Mittlers, ich eile dir zu!